企业融资模式与战略管理探究

赵艳丽 著

吉林人民出版社

图书在版编目（CIP）数据

企业融资模式与战略管理探究 / 赵艳丽著 . -- 长春：吉林人民出版社，2022.8
ISBN 978-7-206-19514-3

Ⅰ.①企… Ⅱ.①赵… Ⅲ.①企业融资—融资模式—研究②企业融资—战略管理—研究 Ⅳ.① F275.1

中国版本图书馆 CIP 数据核字（2022）第 223579 号

责任编辑：刘　学
封面设计：皓　月

企业融资模式与战略管理探究
QIYE RONGZI MOSHI YU ZHANLÜE GUANLI TANJIU

著　　者：	赵艳丽
出版发行：	吉林人民出版社（长春市人民大街 7548 号　邮政编码：130022）
咨询电话：	0431-85378007
印　　刷：	廊坊市海涛印刷有限公司
开　　本：	710mm×1000mm　　1/16
印　　张：	9.25　　　　　　　字　　数：120 千字
标准书号：	ISBN 978-7-206-19514-3
版　　次：	2023 年 4 月第 1 版　　印　　次：2023 年 4 月第 1 次印刷
定　　价：	58.00 元

如发现印装质量问题，影响阅读，请与印刷厂联系调换。

前 言
PREFACE

企业是市场的主体,在推动经济发展方面发挥着极为重要的作用。而企业要想更好、更快地发展,资金是必须要具备的一种资源。事实上,资金是企业存在和发展的关键。资金的周转贯穿在企业的全部经济活动之中,渗透在企业的每一个活动环节。一旦缺少了资金,企业的生产经营就会受到影响,甚至走向破产。因此,企业要想生存下去,要想在日趋激烈的竞争中立于不败之地,就必须获得充足的资金。

企业要想获得自身生存与发展所需要的资金,一个有效的途径是进行融资。当前,市场中形成了多样化的融资方式和融资手段,但良莠不齐。此时,企业选择恰当的、适合自己的融资方式与手段,科学地开展融资,有效地预防融资风险就变得极为重要。鉴于此,作者在参阅大量相关著作文献的基础上,精心撰写了《企业融资模式与战略管理探究》一书。

本书共有六章。其中,第一章作为全书开篇,对企业融资的基本认知进行了详细阐述,从而为下述章节的展开做好了理论铺垫。第二章至第四章分别对企业股权融资、企业债务融资以及企业融资的其他传统模式进行了详细论述,这对企业更好地开展融资具有积极的意义。第五章对企业融资战略制定与构建的相关内容进行了具体说明,以帮助企业更为科学、合理地制定企业融资战略,不断提高自身融资能力。第六章对企业融资的风险管理进行了详细阐述,以帮助企业降低融资的风险,提高融资的收益。

总的来说,本书在吸收前人研究成果的基础上,既对企业传统的融资模式进行了详细阐述,又进一步阐述了应如何制定恰当的融资战略、降低融资风险,以便为企业融资提供一定的借鉴。

在本书的撰写过程中，笔者参阅、引用了很多国内外相关文献资料，而且得到了同事亲朋的鼎力相助，在此一并表示衷心的感谢。由于本人水平有限，书中疏漏之处在所难免，恳请同行专家以及广大读者批评指正。

赵艳丽

2021年12月

目 录
CONTENTS

第一章 企业融资的基本认知 ………………………………………… 001
    第一节 企业融资的界定 ……………………………………… 001
    第二节 企业融资的环境、方式与渠道 ……………………… 008
    第三节 企业融资的基本理论 ………………………………… 019
    第四节 企业融资的效率因素 ………………………………… 025
    第五节 企业融资的结构及其优化 …………………………… 029
    第六节 企业成长过程与融资方式的发展变化 ……………… 037

第二章 企业股权融资 ………………………………………………… 043
    第一节 企业公募股权融资 …………………………………… 043
    第二节 企业私募股权融资 …………………………………… 049
    第三节 企业并购融资 ………………………………………… 054
    第四节 企业结构性股权融资 ………………………………… 062

第三章 企业债务融资 ………………………………………………… 065
    第一节 企业债务融资的基本认知 …………………………… 065
    第二节 商业银行贷款融资 …………………………………… 069
    第三节 企业债券融资 ………………………………………… 079
    第四节 租赁融资 ……………………………………………… 084

第四章 企业融资的其他传统模式 …………………………………… 088
    第一节 内源融资 ……………………………………………… 088
    第二节 信托融资 ……………………………………………… 094
    第三节 典当融资 ……………………………………………… 101
    第四节 项目融资 ……………………………………………… 104
    第五节 政策性融资 …………………………………………… 109

第五章　企业融资战略的制定与构建 ………………………… 112
第一节　企业融资需秉持的基本原则 …………………… 112
第二节　企业融资时机的选择技巧 ……………………… 114
第三节　企业融资商业计划书的撰写 …………………… 117
第四节　投资方的选择与融资谈判技巧 ………………… 121

第六章　企业融资的风险管理 ……………………………… 124
第一节　融资风险的基本认知 …………………………… 124
第二节　股权融资的风险管理 …………………………… 134
第三节　债务融资的风险管理 …………………………… 136

参考文献 ……………………………………………………… 139

第一章 企业融资的基本认知

企业在创办与发展的过程中，始终离不开一定数量的资金做支持。为此，企业经常会进行融资活动，以筹措足够的资金来维持企业正常的生产与经营。在本章中，将对企业融资的基本知识进行详细阐述。

第一节 企业融资的界定

企业在筹办以及进行生产经营的过程中，都离不开资金这一重要的物质基础。因此，对于任何一家企业来说，融资都是其管理活动中一项重要的内容。

一、企业融资的概念

（一）企业融资的含义

关于企业融资的含义，很多学者从不同的角度进行了定义。但迄今为止，还没有被人们普遍接受的融资定义。大多数学者认为，企业融资就是企业以自身的经营发展所需（如开发新产品、引进新技术、兼并其他企业、周转资金、调整资本结构等）为依据，借助于增量或存量的方式来筹措一定数量的"活性"资金的经营行为。

（二）企业融资与筹资的关系

融资与筹资是既有联系又有区别的两个概念。两者的联系是，都是获得一定资金的经济行为。两者的区别，主要体现在两个方面：一方面，筹资概念的出现相比融资来说要早很多、使用的时间也比较长，指的是资金需求方或者说借贷者（如企业）通过各种渠道和相应手段获取资金的过程。这是一种单方面的行为，资金需求方或者说借贷者的目的就是获得货币的使用权或占有权。而相比筹资来说，融资是一种双方面的行为，融资双方能够在这场交易中优势互补、获得利益；另一方面，筹资将货币借贷、证券买卖等活动看作是转瞬即逝的交易，而融资则认为货币借贷、证券买卖、合资合作等是需要长期进行的，是一种持续性的经济关系。

（三）企业融资与投资的关系

投资是某一经济实体将某些现有资源或经济要素转化为资本，以获得预期的和不确定的回报的行为或过程。就当前来说，投资的内容主要涉及三个方面，即实物、金融和人力。其中，实物投资指的是用资金来购置资产，而且所购置的资产既可以是固定的也可以是流动的。金融投资涉及多种资金形式的买卖，包括股票、债券、基金和外汇。人才投资指的是居民或社会为了培育人才所发生的支出。

关于融资和投资的关系，简单来说体现在两个方面：一是融资是实物和人力投资的前提条件；二是金融投资是一种融资方式。

二、企业融资的动机

对于企业来说，其进行融资的基本目的是对自身的经营和发展进行维持。不过，企业在进行具体的融资活动时往往是由特定的动机引发的，即融资动机会直接影响融资的行为与结果。关于企业融资的动机，概括来说主要有以下几种。

（一）扩张融资动机

企业在进行融资时，一种常见的融资动机便是扩张融资动机。企业在

第一章
企业融资的基本认知

处于快速成长期且有良好的发展前景时,为了对自身的生产经营规模予以扩大,或是为了追加对外投资,便会产生融资的想法。例如,企业生产经营的产品供不应求,需要增加市场供应;开发生产适销对路的新产品;追加有利的对外投资规模;开拓有发展前途的对外投资领域等。以上情况往往都需要融资。

一般来说,企业在处于成长期和扩张期时,其生产经营规模会不断扩大。而要想维持规模扩大后的生产经营活动,就需要有更多的资金投入之中。为此,企业需要不断地筹集大量资金。在这一过程中,企业需要注意对自身进行客观冷静的审视,明确自身进行扩张的目的、扩张的规模和扩张的可行性,认真研究所要投资的方向、规模以及与预期可以获得的投资回报等,以便更为合理地对所需资金进行筹集。

(二)偿债融资动机

在企业的融资动机中,偿债融资动机也是十分常见的,即企业为了偿还一定债务而进行融资。企业的生产经营往往会利用一定的负债来进行,而债务都是有一定期限的,一旦到期就必须偿还。企业在债务即将到期但又缺乏足够资金的情况下,就需要提前安排融资,以获得充足的资金来偿还债务。

一般来说,企业偿债融资又可细分为调整性偿债融资和恶化性偿债融资两种情况。其中,调整性偿债融资是一种积极主动的融资策略,即企业有能力对将要到期的债务进行偿还,但为了对自身的资金结构进行调整,仍进行融资,以最终形成更为合理的资金结构。恶化性偿债融资是一种消极被动的融资,即企业没有能力对将要到期的债务进行偿还,只能通过融资方式来获得足够的资金偿还债务。企业在这种情况下进行融资,表明企业的财务状况不容乐观。

(三)混合融资动机

除了扩张融资动机和债务融资动机,企业的融资动机中还有一类,即混合融资动机。对长期资金和现金都有较大需求的企业所形成的融资动机,便是混合融资动机。企业在这种动机的驱使下进行融资,既能够在一定程度上对自身的资产规模予以扩大，又能够对一部分债务进行偿还，是一举两得的。

三、企业融资的任务

企业融资的任务具体来说有以下两个。

第一，通过合理地运用资金，或是通过对资金进行合理流动，使资金的效益能够得到最大限度地发挥，既能够促进企业经营效益的提升，也能够促进当地甚至是全国经济的发展。

第二，企业在资金缺乏的情况下，如何以最小的代价筹措到适当期限、适当额度的资金，即企业如何能以最小的成本获得最大化的价值。

四、企业融资的环节

企业在进行融资时，为了保证融资的科学性与合理性，除了会遵循一定的融资原则，以下融资环节也会积极予以遵循。

（一）企业融资可行性研究阶段

企业在进行融资时，第一步是对融资的可行性进行研究。企业融资的可行性研究阶段是从企业融资的构想开始进行，最开始主要是确定企业所制定出的粗线条决策目标，以决策目标作为依据展开相关研究。企业融资的可行性研究主要包括三方面的内容：企业内部因素分析、企业目标分析以及企业外部环境因素分析。

对企业所制定的目标进行分析主要是为了了解企业所在行业中的情况、类型以及企业的生产规模和特点，同时还包括了企业组织形式和再生产形式等，这样才能判断企业融资的合理性和必要性。企业内外部因素的分析实际上是为了分析企业的融资环境，解决企业融资的可能性问题并为以后的决策提供依据。

（二）企业融资决策阶段

企业在明确了融资的可行性后，就可以进入融资决策阶段了。在这一阶

第一章
企业融资的基本认知

段，企业需要做好以下几方面的工作。

1. 确定融资需求

企业在对融资需求进行确定时，需要从投资方向、投资结构与融资数量三个方面着手，即在确定融资需求的过程中要将投资的方向、结构以及融资的数量结合起来，再与企业的内外部因素对比分析，通过财务预测以及财务规划，对企业所需的资金数量、时间，以及企业可以提供的内部资金和外部融资需求进行预测。

一般来说，企业融资需求需要在对自身财务进行预测的基础上进行。所谓财务预测，就是企业在对过去财务报表进行分析的基础上，结合宏观经济环境的变化、行业未来的发展前景，以及企业未来的经营战略和市场战略等诸多因素，来预测企业未来营业收入的增长及资金需求的情况。就当前来说，企业可借助于以下几种方法对自身的融资需求进行预测。

第一，销售百分比法。销售百分比即营业收入百分比。通常来说，在企业的内部，企业的资金、负债以及营业收入间存在一定的函数关系，因而销售额的预测就是在融资需求的基础上来进行，销售额预测是融资需求预测过程的起点。接下来通过考察企业的历史资料以及当前的财务状况来分析销售额，依据未来的宏观发展、行业发展，尤其是企业的产品结构、市场结构的变化来预测，进而根据历史资料以及企业未来的变化求出企业的资产、负债、所有者权益项目占据销售额的百分比，然后依据这些百分比来预测资金的需求量。测算出总的资金需求量后，扣除企业内部的资金来源，即可求出需要从外部融资的资金数量。对于企业来说，其内部资金来源主要是留存收益和在经营过程中能自发增长的商业信用负债，如应付账款、应付票据等。

第二，投资趋势预测法。企业的发展趋势可以按照预测项目投资额中各组成部分的变化和结果来分析。比如，通过工程项目融资量的确定，就可以预测工程项目投资额的构成：投资前费用、设备购置费用、设备安装费用、建筑工程费、垫支的营运资金、不可预见费等。一般而言，投资趋势预测法又可以细分为三种：一是逐项测算法，即逐项测算投资组成部分的结果，然后加总；二是生产能力估算法，即拟建项目投资总额＝同类企业单位生产能力投资额×拟建项目生产能力；三是装置能力指数法，即根据相关项目的装置能力（其是一种以封闭型的生产设备为主体所构成的投资项目的生产能力，如制氧生产装置、化肥生产装置等）与装置能力指数来确定项目的投资额，装置能力越大则需要的投资额越多。

第三，资本习性法。融资需求可以通过总成本的增加获得，可以分别预测企业的固定成本增加额、变动成本增加额，然后加总获得新增资金的需求量。

2. 拟订融资方案

在确定了融资需求后，下一步就可以确定融资方案了。一般来说，在拟订融资方案时，需要包括以下几方面的内容。

第一，融资目的。企业融资是以一定的目的为前提的，只有明确了融资目的，才能更为恰当地确定融资的方向、融资的数量、融资的时间等。

第二，融资规模。融资规模是否合理，会影响到融资能否发挥出最大的效用。一般来说，在对融资规模进行确定时，需要充分考虑到国家规定的最低资金限额和资金到位期限、国家关于固定资产投资中自有资金比例的有关规定、融资预算或者项目概算预测的金融企业所需权益资金额度、融资对象的资金实力，以及资本充足率及支付能力的要求等。

第三，融资渠道、方式和成本。在明确了融资目的和融资规模后，就可以对融资渠道和融资方式进行选择了。在这一过程中，需要对各种融资渠道与方式进行深入研究与充分比较，明确其优缺点、所需要的资金成本，以及是否具有可行性。如此一来，就能在有效控制融资成本的同时，选择最为合理的融资渠道和融资方式。

第四，融资的影响。企业在进行融资时，明确这一行为的影响也是十分重要的。一般来说，在对融资的影响进行分析时，可主要从两方面着手：一是融资对企业自身的资本结构的影响；二是融资对现有投资者的影响。

第五，分析与控制融资风险。由于宏观经济环境、资金供需市场的变化或者融资来源、期限结构等因素给金融企业财务带来的不确定性，权益资金的筹集必然存在风险。融资方案应对风险因素进行全面分析，并就如何控制融资风险提出应对措施。融资一般是为了投资，而投资也存在风险。因各种风险因素导致投资收益率达不到预期目标，将间接导致融资方案的失败。因此，企业在拟订融资方案时也应当对投资风险进行充分分析，制定相应的应对策略，以增强融资对象的风险意识和信心。

第六，保障措施。企业在拟订融资方案时，也需要针对可能遇到的风险制定一些有效的保障措施。比如，对融资的时间以及资金的具体使用时间予以明确，这对于资金的按时到位以及合理运用具有重要的作用；一旦资金到位，相关的手续都必须按照规定予以完成；制定监督政策来保障所融资金确实专款专用；对资金的具体使用情况进行详细记录，并要进行专项审计等。

3. 选择融资方法

企业在融资决策阶段，除了要确定融资需求、拟订融资方案，还需要明确落实融资方案的具体方法。在做好了这项工作后，企业融资就可以进入下一阶段——融资实施阶段了。

（三）企业融资实施阶段

企业在确定了融资可行性、拟订了融资方案后，就可以进入融资实施阶段了。企业融资的这一阶段可以分为三步，即融资计划的编制、融资计划的执行、实施效果的检验和评估。这几个阶段是将融资方案落实的阶段，是将目标变成现实的阶段，无论是忽视了哪一个阶段，必然会使整个融资计划破产。

第二节 企业融资的环境、方式与渠道

一、企业融资的环境

企业的创办与成长离不开一定的环境，企业融资也需要在一定的环境下进行。就当前来说，影响企业融资的环境主要有以下几个。

（一）经济环境

企业融资的经济环境，涉及国际经济环境和国内经济环境两个方面。

1. 企业融资的国际经济环境

在当前，世界经济呈现出一体化的趋势，任何一个国家的经济都不是孤立发展的，都与其他国家的经济发展有着密不可分的关系。因此，企业在进行融资时，了解国际经济环境是很有必要的。国际经济发展良好、开放程度高、金融稳定、可采用的融资方式多，融资需求者就能以较低的成本吸收所需要的资金，资金供给方才能实现资金的安全性与盈利性。如果国际经济的发展呈现出衰退之势，金融危机、债务危机频发，各国对于自身的金融市场都采取严格的管控措施，则要正常地开展国际融资是不可能的。

企业在融资时要了解国际经济环境，就目前而言，可具体从以下几个方面着手。

第一，国际融资目标市场的基本情况。企业需要了解国际融资目标市场是处于完全竞争状态还是不完全竞争状态。若处于不完全竞争状态，企业还需要进一步了解相关国家或社会势力是如何对资本进行干预与限制的，以及最终想要达到的政策目标。

第二，国际资金供求状况和利率水平。国际资金的供求总是处于一定的矛盾之中，或是供大于求，或是供小于求。而不论哪种情况，都会对企业的融资活动产生直接影响。由于资金供求矛盾，利率水平的高低是资金供求双

第一章
企业融资的基本认知

方力量对比的结果,因而利率的高低不仅会对资金供给方的收益产生直接影响,而且会对资本需求方的融资成本产生重要影响。如此一来,企业的融资活动必然会受到影响。

第三,国际金融市场主要货币汇率状况。企业只有了解国际金融市场主要货币汇率状况,才能选择最为恰当的融资货币,并尽可能减小汇率风险。

2. 企业融资的国内经济环境

国内经济环境不仅会影响投资者的投资决策,而且会影响融资者的融资活动。此外,国内经济环境相比国际经济环境来说,对企业融资的影响更大。因此,我国企业在进行融资时,必须要了解国内的经济环境。总体上来说,当前我国经济发展平稳,市场发展潜力是很大的,这对于企业融资活动的顺利开展具有积极意义。

(二)政策法律环境

在企业融资的环境构成中,政策法律环境也是十分重要的一个方面。企业融资的政策法律环境,就是企业在融资时会涉及的有关法令、法规、制度。为了保障企业融资的顺利进行,我国政府制定了很多具有针对性的政策、法令、法规、制度等,如《中华人民共和国公司法》《股票发行与交易管理暂行条例》《企业债券管理条例》等。

(三)金融市场环境

资金是在一定的场所中进行融通的,融通资金的场所便是金融市场。金融市场包括交易主体、交易客体、交易价格和交易媒介四个要素。金融市场的发育状况,会直接影响企业的融资活动。

就目前国内外的企业融资实践来看,金融市场的缺乏,会导致融资方式过于单一;金融市场机构简单,融资的方式也会十分有限。只有具备较为完善的金融市场机构,资金需求方和资金供给方的多样化需求才能得到有效满足,融资的方式也才能更为多样化。这是因为,金融市场存在激烈的竞争关系,特别是金融机构要想在金融市场中维持自身的地位,需要不断地开拓业务,开发新的金融产品。而随着金融业务和金融产品的增多,融资的方式自然也会不断创新。

（四）企业制度环境

企业既是金融市场的主体，也是资金融通中的重要角色之一。此外，融资中的资金提供者主要是企业，同时企业对融资资金的需求量是很大的。因此，企业的发展状况及其在市场中所处的地位，会直接影响到其融资规模与融资效果。

对于企业来说，要想在融资中发挥出应有的作用，必须满足以下几个前提条件。

第一，企业必须是真正的法人实体。

第二，企业必须形成健全的经营机制。

第三，企业要享有生产经营权、投资权和筹资权等。

第四，企业要自负盈亏，且以盈利为最大目标。

第五，企业的生存发展必须依赖自己，而不是依赖政府的扶持。

（五）财政收支环境

财政收支具有对资金进行集中与分配的作用。财政收支通过哪种方式来实现，会对融资活动产生追踪影响。若是通过行政手段来实现财政收支，则金融市场的发展会受到限制；若是通过市场来实现财政收支，则金融市场会比较发达，融资活动自然也会十分活跃。

二、企业融资的方式

企业融资的方式，即企业通过何种方式来取得资本。随着经济的发展以及金融市场的逐步完善，融资的方式也变得日益多样化。企业在融资时，通过对融资方式进行深入分析，可以掌握各种融资方式的优劣势及所需要的成本、可能对企业现有资本结构产生的影响等，继而选择更为恰当的融资方式。在当前，融资方式的种类是十分多样化的，而且依据不同的标准可以分为不同的类型。

第一章
企业融资的基本认知

（一）以资金的融入、融入期限为依据进行分类

以资金的融入、融入期限为依据，可以将融资方式细分为以下几类。

第一，短期融资。资金的融入、融入期限小于1年的融资便是短期融资。银行短期贷款、存货融资等就属于短期融资。

第二，中期融资。资金的融入、融入期限在1~5年之间的融资便是中期融资。中期贷款、中期债券等就属于中期融资。

第三，长期融资。资金的融入、融入期限大于5年的融资便是长期融资。股票融资、BOT融资等就属于长期融资。

（二）以融资活动是否以金融机构为中介为依据进行分类

以融资活动是否以金融机构为中介为依据，可以将融资方式分为直接融资和间接融资两类。

1. 直接融资

所谓直接融资，就是拥有暂时闲置资金的单位、个人与资金短缺、需要补充资金的单位，相互之间直接进行协议，或者在金融市场上，前者购买后者发行的有价证券，将资金提供给需要补充资金的单位使用，从而完成资金融通的过程。直接融资中，企业不经过银行等金融机构，直接与资金供应者协商借贷或发行股票、债券等办法融资。债券融资、股票融资和海外投资基金等都属于直接融资形式。

2. 间接融资

企业或个人在有闲置资金的情况下，通过将闲置资金存入银行或是购买金融机构发行的有价证券，就可以将闲置资金提供给金融机构。而金融机构在获得了这些闲置资金后，可以将其提供给有需求的企业，从而实现资金的融通。这一过程，便是间接融资过程。很明显，在间接融资中，金融机构发挥着中介的作用，即预先集合资金，再向有融资需求的企业提供资金。

（三）以融资经济主体的国别范围为依据进行分类

以融资经济主体的国别范围为依据，可以将融资方式细分为以下两类。

1. 国内融资

所谓国内融资，就是融资经济主体都来自一国领土的融资。也就是说，国内融资的资金融入方和融出方都来自同一个国家，不涉及国际清算或跨国清算。本地银行不存在国外分支机构，则其对居民发放的贷款就属于国内融资。此外，跨国银行在某一国家的分支机构对居民发放的外汇贷款，由于贷款银行是在境内进行注册登记的，而且贷款人是当地居民，因而其给当地居民发放的贷款也属于国内融资。

2. 国际融资

所谓国际融资，就是融资经济主体来源于国际金融市场，在不同国籍的经济主体之间进行的融资。也就是说，国际融资的资金融入方和融出方来自不同的国家，会涉及国际清算或跨国清算。还有一种情况也属于国际融资，就是国际融资的资金融入方和融出方来自同一个国家，但融资关系所指的钱物、权利在国外，受国外法律管辖。国际金融机构贷款融资、国际债券融资等都属于国际融资。

（四）以资金的保证方式为依据进行分类

以资金的保证方式为依据，可以将融资方式细分为以下几类。

1. 资信融资

所谓资信融资，就是以资金需求者的资信为依据来判断是否向其提供所需资金。也就是说，资金需求者的资信是其进行融资的重要保证，不需要向资金融出方提供任何具体的资产作为保证。在资金融入方和融出方相互了解和信任的前提下，可以选用这种融资方式。

2. 抵押融资

所谓抵押融资，就是在债务融资中，要求借款人有相应的财产或有价证券作为抵押，以抵押品作为负债保证，债务人融入资金后如果不能按期还本付息，债权人有权处理作为抵押品的财产或有价证券，以收回贷款本息的一种融资方式。此种融资方式能够降低债权人所面临的违约风险，但手续较复杂，需要耗费时间对抵押品进行评估。同时，抵押品并不能完全消除风险，因为对抵押品质量评估的正确性和拍卖的可能性，都会影响债权的安全。

3. 担保融资

担保融资发生在债务融资之中，债务人需要向资金供给方提供其认可的、具有偿还能力的经济实体作为担保，而担保人以自己的资产或是债券作为融资担保。当债务到期时，债权人如无法偿还，则担保人需要清偿债务。这一融资方式，便是担保融资。担保融资能够在一定程度上使违约风险得到降低，但因关系复杂，容易出现欺诈。

4. 投资融资

资金融出方通过购买资金需求方发行的有价证券，来为资金需求方提供资金的融资方式，便是投资融资。资金融出方在购买了资金需求方发行的有价证券后，既可以到期收回资金本息，也可以通过在金融市场出售来变现。

（五）以融资的机制为依据进行分类

以融资的机制为依据，可以将融资方式细分为以下两类。

1. 横向融资

横向融资又称市场导向型融资，就是资金供给方与需求方通过金融机构或金融市场联系在一起，继而实现资金的集中与分配。在这一融资体制中，各个融资主体有着平等的融资地位，相互之间要进行"等价交换"。

2. 纵向融资

纵向融资又称政府导向型融资。在这一融资体制中，融资的主体是政府。

（六）以资金的偿还方式为依据进行分类

以资金的偿还方式为依据，可以将融资方式细分为以下几类。

1. 有偿融资

在融资协议中，对融资活动中到期需归还的本金以及回报予以规定，是有偿融资。在有偿融资方式下，资金供给方是债权人，资金需求方则是债务人，两者之间形成了债权债务关系。依据法律规定，不论资金使用效果如何，债权人都有权在约定的时间内，按照融资协议的规定向债务人收取利息,不可因债务人收益良好而多要利息。

对于资金需求方来说,有偿融资的本金和利息需要在规定的时间内偿还,而且资金供给方会对资金的使用情况进行监督与审查,因而资金需求方不能完全自主地使用资金。基于此,对于资金需求方来说,有偿融资并不是最理想的融资方式。

2. 无偿融资

在融资协议中,未对融资活动中到期需归还的本金以及回报予以规定,便是无偿融资。在无偿融资方式下,资金需求方不用在规定的期限内偿还本金、支付利息,因而能够降低资金需求方的经营成本。不过,无偿融资存在资金供给分散的问题,而且难以监管资金的使用情况。

3. 部分有偿融资

在融资协议中,明确规定只对符合条件的资金供给方给予回报、不归还本金,这种融资方式,便是部分有偿融资。彩票融资便是一种部分有偿融资。

(七) 以资金是否来自企业内部为依据进行分类

以资金是否来自企业内部为依据,可以将融资方式细分为以下两类。

1. 内源融资

所谓内源融资,就是资金需求方自行积累储蓄并利用自身储蓄的过程。这一类融资实际上是企业对利润和折旧基金的利用过程。内源融资对企业资本的形成具有原始性、自主性、低成本性和抗风险性的特点,是企业生存与发展不可或缺的重要组成部分。同时,内源融资的数量主要取决于企业创造利润的数额和企业的利润分配政策。

内源融资的优势是融资来自企业内部,不必额外支出利息;将利润再投资可以使股东免除个人所得税;操作简便,企业要通过留存收益进行融资,只需要在股东大会上作出一个分红决议即可,几乎不发生融资费用;对于控股股东来说,留存收益可以在不改变股权结构和比例的情况下达到融资目的,因而是一个对自己的控股权完全没有威胁的股权融资方式。

第一章
企业融资的基本认知

一般来说，企业在内源融资能够满足自身的资金需求时，通常不会选用外源融资的方式。

2. 外源融资

所谓外源融资，就是资金需求方动员、利用他人积累储蓄的过程，或者是资金需求方通过一定的途径获得他人积累储蓄的过程。外源融资对企业的资本形成具有高效性、灵活性、大量性和集中性的特点。此外，这一类融资实际上是企业通过金融市场融通资金的过程。

（八）以融资的计量币种为依据进行分类

以融资的计量币种为依据，可以将融资方式细分为以下两类。

1. 本币融资

以本国货币为计量的资金融通活动，便是本币融资。与外币融资相比，本币融资的优势是融资的限制比较少，而且融资手续简便，不存在外汇风险问题。但是，本币融资不能用于进口商品。

2. 外币融资

以某种外币为计量的资金融通活动，便是外币融资。与本币融资相比，外币融资的限制比较多，而且审批手续比较烦琐。此外，外币融资的利率主要受国际金融利率的影响，本国利率的高低基本不会对其产生影响。

（九）以资金的形态为依据进行分类

以资金的形态为依据，可以将融资方式细分为以下几类。

1. 货币性融资

以货币借贷为主要内容的融资活动，便是货币性融资。在现代企业融资中，货币性融资是最主要的一种融资形式。

2. 实物性融资

以实物为融通物的融资活动，便是实物性融资。一般来说，商品、机器、设备等都可以作为实物性融资的融通物。由于实物性融资是商品流通的客观需要，因而只要商品经济存在，实物性融资也将长期存在。

实物性融资的主要形式有商品赊销和融资租赁两种。不论采用哪种形式，资金供给方都需要向资金需求方提供实物，而资金需求方需要在约定的时间内向资金供给方归还货币。不过，实物性融资的手续比较复杂，而且融资的对象受商品性质和用途的限制、融资的数量受资金供给方资金能力的限制，因而对于资金需求方来说也不是理想的融资方式。

3. 证券性融资

以发行或买卖证券为手段所进行的融资活动，便是证券性融资。股票融资、债券融资和票据融资等，都属于证券性融资。

（十）以融资所形成的经济关系为依据进行分类

以融资所形成的经济关系为依据，可以将融资方式细分为以下两类。

1. 股本融资

股本融资又称股权融资，就是经济主体以其所有权换取他人资源的融资活动，或者说是以资源的所有权换取企业所有权的活动。这是可供企业长期拥有、自主调配使用、不需归还的一种融资方式。一般采用吸收直接投资、发行股票、留存收益等方式融资。会计上表现为股东权益，代表着投资者对企业的所有权。股本融资的特点是，提供资本者以企业所有者身份参与管理，分利担责；股权资本是企业的永久性资本，一旦提供资本除依法转让外，不得以任何方式从企业中抽回；企业无须还本付息，财务风险较小，但投资者要求的资本收益率较高，因此资本成本高。

2. 债务融资

债务融资又称债券融资，就是企业按照约定代价和用途取得且需要按期还本付息的一种融资方式。债务融资的特点是，债权人与企业是债权债务关系，仅有权索息收本，无权参与企业经营管理，不承担责任；具有期限性，在债务合约下，出资人可退出，并享有固定收益；企业可以在约定的期限内使用债务融资，但必须履行按期还本付息的偿债责任，财务风险较高，由于债权人要求的是固定收益，因此资本成本较低。银行贷款、民间借贷、债券融资、项目融资、商业信用融资与租赁融资等，都属于债务融资。

三、企业融资的渠道

融资的方式要解决的是企业获取资本是采用哪种方式的问题，而融资的渠道要解决的是资本的来源问题。融资方式和融资渠道之间有着十分密切的关系，同一融资方式可能对多种融资渠道适用，也可能对某一特定融资渠道适用；同一渠道的资本也可以通过多样化的融资方式来获得。因此，在了解了融资方式后，必须要进一步掌握融资渠道。

（一）融资渠道的含义

所谓融资渠道，简单来说就是企业取得资本的来源或通道。企业只有对融资渠道具有深入的了解，才能在进行融资时对其进行最为正确与合理的运用，继而使融资取得预想的效果。

（二）常见的融资渠道

就当前而言，常见的融资渠道有以下几种。

（1）国家财政资金。国家财政资金是指国家以财政拨款的方式投入企业的资金。财政资金作为公司融资的来源渠道，其供给方式主要包括预算内拨款、财政贷款、政策性银行贷款、财政专项建设基金和财政补贴等。它过去是国有企业自有资本的主要来源，但随着我国市场经济的发展，国家财政资金在企业自有资金中所占的比例不断减小，但对于基础性、公益性产业来说仍是一个重要的融资渠道。

（2）商业性金融机构的信贷资金。商业性金融机构作为公司融资的来源渠道，其主要供给方式包括信用贷款、抵押贷款、担保贷款、贴现贷款、项目贷款、信托贷款、融资租赁和证券投资等。

（3）国际市场。公司通过国际市场获得所需资金的主要方式包括外国政府贷款、国际金融机构贷款、国际商业贷款、出口信贷、国际债券、国际股票、外国直接投资、国际租赁融资、国际贸易融资（如福费廷融资和保付代理融资）、国际投资基金和项目融资等。其中，外国政府贷款指一国政府利用财政资金向另一国政府提供的优惠性贷款。这一融资渠道往往带有政治经济目的，而且程序复杂、期限较长，还会具有一些条件限制。不过，其贷款利率较低,甚至可能不需要利息。国际金融机构贷款,即为了达到共同的目标,由数国联合经办的在各国间从事金融活动的机构所提供的贷款。这一渠道的融资往往贷款期限较长,且很多贷款是为了支持公共项目的建设。国际商业贷款即在国际金融市场上以借款方式筹集的资金,主要指国外商业银行和除国外金融组织以外的其他国外金融机构贷款。国际商业贷款往往有较高的利率且数量有限、不易争取,但在使用方式上比较自由。出口信贷是出口国政府对银行贴补利息并提供担保,由银行向外贸企业发放贷款,支持和扩大本国的商品出口,增强本国产品在国际上的竞争力。这一渠道的融资往往利率较低,因而能够降低企业的融资成本。国际债券是一国在其他国家发行的债券,发行国际债券是获取外汇资金的有效方式。此外,国际债券融资灵活多样、市场容量大、使用方便,且期限较长,是一种可以长期使用的债务资本。

(4)公司内部积累。公司从实现的盈利中提出一部分资金用于公司未来的发展,这是公司最基本的融资来源渠道。当前,这一融资渠道伴随着市场经济的发展而呈现日益强大的生命力。

(5)居民闲置资金。过去,居民的闲置资金大都通过银行再流入资本需求者手中。现在,由于社会公众承担风险的能力有所提高,加上存款利率不断下调,社会公众也开始选择投资方式,股票、债券、基金这些直接融资方式逐步为社会公众所接受。把社会上的闲置消费资金集中起来,用于企业的生产经营,也是一个越来越重要的企业融资渠道。

(6)其他企业单位和个人的资金。公司获得其他企业单位或个人资金的方式,主要包括赊购商品、预收货款、企业之间资金借贷(我国法律不允许)、发行股票融资、发行债券融资、发行票据融资、合资合作融资等。

(7)国外及境外资金。自改革开放以来,我国企业对外资的利用不断增多。境外资金从来源上看,主要是外国政府贷款、国际金融组织贷款及境外民间资金。

(8)其他来源渠道。如天使资金、公司职工持股等。

第三节 企业融资的基本理论

一、企业融资结构理论

融资结构不仅会影响到企业的资本成本、财务状况以及收益状况，而且会影响到企业的股市价和总体价值等。因此，企业在进行融资前，需要掌握融资结构理论的相关知识。具体来看，融资结构理论主要包括以下几方面的内容。

（一）早期融资结构理论

美国的戴维·杜兰德在1952年提出的关于融资结构的研究观点，被认为是早期的融资结构理论。该理论主要涉及以下几方面的内容。

1. 传统理论

该理论认为，企业在利用财务杠杆的过程中尽管会提高权益成本，但在一定的程度却不会完全抵消利用成本率低的债务所获得的好处，因而在加权平均的情况下，总体的资本成本并不会提高，反而会有所下降。不过，过度利用财务杠杆，权益成本的上升就不再能被债务的低成本所抵销，加权平均资本成本便会上升。以后，债务成本也会上升，它和权益成本的上升共同作用，使加权平均资本成本上升加快。加权平均资本成本从下降变为上升的转折点，是加权平均资本成本的最低点，这时的负债比率就是企业的最佳融资结构。

2. 营业收益理论

该理论认为，企业的加权平均资本成本并不会因财务杠杆而发生改变，在此影响下，企业的总体价值也不会发生变化。这是因为，企业利用财务杠杆时，即使债务成本本身不变，但加大权益的风险，也会使权益成本上升，于是加权平均资本成本不会因为负债比率的提高而降低，而是维持不变。因此，融资结构与企业价值无关，决定企业价值的应是其营业收益。

3. 净收益理论

该理论认为，负债可以使企业的资本成本降低，而且企业的价值会随着负债程度的提高而增大。这是因为，债务利息和权益资本成本均不受财务杠杆的影响，无论负债程度多高，企业的债务资本成本和权益资本成本都不会变化。因此，只要债务成本低于权益成本，那么负债越多，企业的加权平均资本成本就越低，企业的净收益或税后利润就越多，企业的价值就越大。当负债比率为100%时，企业加权平均资本成本最低，企业价值将达到最大值。

（二）MM理论

MM理论是莫迪利安尼（Modigliani）和米勒（Miller）在1958年提出的，该理论融合了新古典经济学的分析方法，为现代融资结构理论的产生奠定了重要基础。

MM理论是以一定的假设为前提提出的：资本市场高度完善，即完全竞争和有效，因此股票和债券在资本市场上交易意味着没有交易成本，投资者（个人和组织）可同公司一样以同等利率借款；企业和个人能以无风险利率获得借款；企业经营风险相同，且它们所属的风险等级一致；不同投资者对企业未来收益及风险的预期相同；企业永续经营。

在上述假设成立的前提下，再假定无所得税，那么MM理论运用市场均衡原理证明了企业的均衡市场价值与它的融资结构无关。由于其严格的假定条件严重偏离了资本市场实际，之后的研究开始逐渐放宽假定条件，因此MM理论在1963年将公司所得税引入模型，修正的理论认为公司价值与其举债量呈线性关系，举债越多，公司价值越高，当负债达到100%时公司价值最大。1977年，Miller进一步将个人所得税引入模型，证明个人所得税会在一定程度上抵销公司负债的税收利益。MM理论及其后的一系列修正仍不能较好地说明企业融资，经济学家们开始关注负债融资的破产成本，将之引入MM理论的分析体系之中，认为企业的最优负债应由负债的避税效应和负债的预期破产成本来权衡决定，结论是当负债水平超过一定量时，破产成本开始显现，负债的税收利益部分被抵销；当边际节税利益等于边际破产成本时，企业价值最大，此后负债增加将导致企业价值下降。

（三）信号传递理论

信号传递理论的建立基础是，企业内部人和外部投资者在获得的企业真实信息方面是不对等的，即企业内部人所获得的企业真实信息要比外部投资者多很多。在这种情况下，企业的融资决策就成为外部投资者对企业经营状况进行判定的重要依据。公司的融资结构可看成是企业传达给外部投资者有关公司品质的一种信号，如站在股东利益最大化的立场上，当公司未来的前景看好而目前股价被低估时，管理层会倾向于使用负债融资；当公司未来的前景看淡而目前股价相对较高时，采用权益融资对公司较为有利。

（四）控制权理论

该理论认为，管理者的控制能力会受到其所占股份的影响，即管理者的控制能力会因所占股份的增多而增强。因此，借助于融资结构，可以在一定程度上对股东、管理者之间的代理冲突进行解决。如果用债务限制管理者对现金流的权力，而管理者可以自由作出融资结构决策，管理者就不会自愿分红。债务是减少自由现金流量代理成本、最大化公司价值的事前措施。管理者可以利用自愿举债，避免控制权的挑战。

（五）权衡理论

MM理论认为，企业的总体价值会引起负债比率的增高而增大。事实上，显示生活中使用100%债务的企业是几乎不存在的。这是因为，市场是存在很多缺陷的，并非像MM理论所假设的那么完美。因此，MM理论及后来的研究者通过放松MM理论的假设对MM理论进行了修正，其中最重要的修正是财务拮据成本和代理成本，于是权衡理论出现了。

权衡理论认为，只要是在负债经营的情况下，财务拮据成本和代理成本就必然会存在。财务拮据成本又称"破产成本"，就是公司清偿到期债务时的困境，其极端情形即为企业破产。代理成本"为设计、监督和约束利益冲突的代理人之间的一组契约所必须付出的成本，加上执行契约时成本超过利益所造成的剩余损失",它几乎在所有的企业中都是存在的。权衡理论认为,在考虑以上两个影响因素后会发现,负债可以给企业带来减税效应,使企业价值增加。但是,随着负债节税利益的增加,财务拮据成本和代理成本的预期现值也会增加,从而抵销负债节税利益。

(六) 优序融资理论

优序融资理论也是以信息不对称为前提提出的,而企业经营管理者和外部投资者无法获得对等信息的主要原因,是企业的所有权与经营权相分离。优序融资理论基本观点主要有以下几个。

第一,在信息不对称情况下,企业将以各种借口避免发行普通股或其他风险证券来取得对投资项目的融资。

第二,为使内部融资能满足正常权益投资的需要,企业必须确定一个目标股利比率。

第三,在确保安全的前提下,企业才会计划向外部融资以解决其部分的融资需要,而且会从发行风险较小的证券开始。

也就是说,优序融资理论认为,企业偏好内部融资,若需要进行外部融资则以债券融资为最优选择,股权融资是迫不得已才会选择的融资方式。

二、融资需求理论

融资需求理论要解决的是中小企业如何依据自身的实际资金需求来进行更为合理的融资。由于企业在生产经营过程中的资金需求会经常发生变化,因而融资方式、渠道等也不是固定不变的。就目前来说,融资需求理论主要包括以下两方面的内容。

(一) 信贷缺口理论

该理论认为,中小企业在长期资本供给方面是存在一定短缺的。导致这一现象存在的原因主要有两个:一是中小企业在进行投资时,其边际成本是小于边际收益的,但由于资金供应链条断裂而往往丧失投资机会;二是中小企业相对大型企业来说，在资金的获取成本方面要高很多，这不仅降低了其利润，而且导致其无法持续性地进行投资。

（二）信贷配给理论

该理论主要是通过两个方面体现出来：一是银行在同等利率水平下，因无法提供充足的信贷资金，只能对部分借款需求予以满足；二是中小企业还未形成健全的财务体制，管理方式也相对落后，从而没有及时披露财务信息，导致银行无法同意其借款需求。当前，学术界对于信贷配给理论的研究还在不断深入。

三、融资要素理论

融资是一个复杂且长期的过程，企业在这一过程中需要付出大量的时间与精力。而对于一个完整的融资过程而言，需要包括以下几个要素。

（一）融资主体

政府、企业、组织或个人都可以成为融资主体，前提是他们拥有一定的资源优势，具有进行融资的愿望以及能力。一般来说，融资主体以资源的流向为依据，可以细分为以下两类。

1. 资金需求方

经济主体在产生了一定资金需求后，融资才可能发生。因此，资金需求方是重要的融资主体之一。一般来说，企业的资金需求是在企业的生产经营和投资活动中形成的，而且不同企业的资金需求量、相同的企业在不同的时期的资金需求量等也会有明显的差异。企业的体制、投资规模、利率、投资收益率、资金周转速度、生产规模等，都会影响其资金需求。

2. 资金供给方

在融资中，除了存在资金需求方，还存在资金供给方。资金供给的来源包括积累、储蓄和货币发行。

（二）企业融资机制

融资反映的是资金需求与资金供给之间的结合与联系，而融资体制要研究的是资金供给与资金需求如何结合和联系的，即资金需求方获得资金的方式以及资金供给方提供资金的方式。具体来看，融资机制就是资源融通过程中各个构成要素之间的作用关系及其调控方式，包括确定融资主体、融资主体在融资过程中采取的各种经济行为、投资的渠道和方式以及保证资本形成良性循环的手段等。

融资机制有横向融资机制、纵向融资机制和纵横结合的融资机制之分。其中，横向融资机制是指通过银行或金融市场把资金供给方和资金需求方联系在一起或结合起来实现资金的横向融通。该机制下的金融工具是多种多样的，但经济主体为了获得更多利益，可能会进行盲目投资与重复建设，从而造成资源的严重浪费。纵向融资机制就是国家凭借政权力量通过隶属的行政系统和企业对国家的纵向依赖关系筹集资金，又通过行政系统或国家银行向所属单位发放资金。该机制下的资金使用效益低下，产生了严重浪费。纵横结合的融资机制就是在融资过程中，政府和企业同时作为融资主体，资金可以纵向流动也可以横向流动的综合性资金融通体系。该融资机制并不是横向融资机制与纵向融资机制的简单相加，而是两种机制在同一经济市场上优势互补，同时发挥作用。

融资机制还有直接融资机构与间接融资机制之分。其中，直接融资机制就是以股票、债券、票据等金融工具的买卖来实现资金融通、联系资金供给方与资金需求方的一种体系。金融工具可以流通转让，可以在一定程度上降低持有者的风险，同时还可以为持有者带来一定收益。间接融资机制是以金融机构为信用中介的资金融通体系。金融中介通过吸收存款和发放贷款等信用活动联系资金供求双方。在这种融资机制中，金融中介有效地连接资金供给方与资金需求方，在一定层面上消除了二者在时间、空间和金额上存在的差异。

（三）资金供求的均衡机制

在融资活动中，资金需求与资金供给是必然会涉及的两个问题。资金需求方和供给方在目的、意图等方面是不同的，在传统、习俗等方面也有着较大的差异。在市场经济中，资金供求关系很可能出现一定失衡。因此，实现资金供求关系的均衡，促进融资市场的良好发展是十分重要的。

第四节　企业融资的效率因素

融资效率实际上指的是融资能够对经济主体的生产经营管理以及社会发展所具有的作用与影响，而且作用与影响有积极和消极之分。

一、企业融资效率的构成

对于企业融资的效率，可以从宏观与微观两个方面进行分析。

（一）宏观融资效率

从宏观上来看，融资效率就是融资活动对国家经济与社会发展所起的作用和所产生的影响。通常认为，宏观融资效率是由以下三部分构成的。

第一，资金配置效率。其是指经济主体的融资活动以效率最高为原则，科学合理地配置稀缺资金资源。

第二，资金作用效率。其是指经济主体在融资活动的开展过程中，能够对经济增长产生的积极影响。

第三，经济安全效率。其是指经济主体在进行国际融资活动时，不会对国家的经济和金融发展造成不利影响。

（二）微观融资效率

从微观上来看，融资效率就是站在微观经济主体的角度来分析、评价融资制度、融资方式等所产生的作用与影响。融资活动所产生的收益有多种，而对于微观经济主体来说，最为看重的是经济活动为其带来的实际收益。由于融资活动涉及的微观经济主体有多个，因而微观融资效率也有多种表现形式，具体如下。

第一，资金融入效率。其是指微观经济主体通过融入资金而对自身经济活动产生的作用和影响。

第二，法人治理效率。其是指微观经济主体由于融入资金而对其内部管理制度产生的作用和影响。

第三，资金融出效率。其是指微观经济主体本身通过融出资金所产生的影响。

二、企业融入资金效率

企业在进行融资时，融入资金效率可以从以下两个方面进行分析。

（一）融资成本

企业在进行融资时，需要付出一定的费用，即融资成本。对于企业来说，只有尽可能地使融资成本降低，才能使自身获得的经济效益更高。

1. 融资成本的构成

融资成本是指融资活动中经济主体作为融入资金方或者资金需求方所花费的代价。具体来说，融资成本主要是由以下几方面的内容构成的。

第一，融资交易费用，即经济主体在融资活动的交易阶段需要支付的各种费用。在交易阶段，经济主体需要支付的费用多种多样，根据经济主体参与的具体交易活动会产生不同的费用。

第二，资金使用费用，即资金需求方在融资活动中，由于占用他人资金需要付出的一定代价。具体来说，资金使用费用包括股息、红利、资金占用费和利息等。

第三，融资机会成本，即经济主体在内源融资的过程中需要放弃的一定收益。一种资源的用途有多种，而人们在利用极为稀缺的资源时，往往集中于其某一特定的用途上。这表明，人们要想通过稀缺资源获得收益，就必须放弃其除某一特定用途之外的其他用途。人们在决定稀缺资源的特定用途时，主要考虑的是其能否获得最高利益。

第四，融资风险成本，即经济主体在履行债务融资协议时，由于陷入困境或出现危机所产生的各种费用，或者是指由于债务融资可能导致企业破产

第一章
企业融资的基本认知

或陷入财务困境所产生的费用。融资风险成本主要包括破产成本和财务困境成本两种。其中，破产成本是指由于企业破产而导致的各种企业价值损失。根据企业呈请破产申请的时间，可以将破产成本划分为事前破产成本和事后破产成本。事前破产成本是指企业在呈请破产申请之前发生的各种成本，包括企业面临的风险增加；事后破产成本是指企业在呈请破产申请之后所产生的各种成本，包括企业的交易成本等。一般情况下，在破产成本计量分析中，会按破产成本占企业市场价值的比例确定其大小，这里的企业市场价值是指其破产前的市场价值。财务困境成本与企业破产成本具有一定相似之处，但二者存在本质区别。财务困境成本是指当企业处于流量破产中产生的各种费用。当企业发现自己处于流量破产之中时，通常会为了避免企业破产而采取一定手段，以此保证企业得以继续经营。通常来说，企业会采取的手段和行为包括出售主要资产、减少资本支出、企业合并、发行新股、债转股等。但是，企业在采取这些手段和行为时，会造成企业支出的增加，从而为其带来一定融资风险成本。

2. 资金成本率

在对企业的成本高低进行判断时，一项重要的指标便是资金成本率。通过这一指标，企业可以选择出最为合适的融资方式方案，作出正确的融资决策。一般来说，资金成本率＝资金使用费用/[筹资总额×（1-筹资费率）]。

（二）融资杠杆

融资杠杆是指企业在融资活动中对资本成本固定的债务资本的利用。债务资本对于企业来说，既有好处，也会造成不利影响。好处是适当地对债务比例进行提高能够为企业带来一定的财务杠杆收益，不利影响是债务的增加会使企业的财务风险进一步加大。因此，为了同时保证企业的收益和安全，应该在企业融入资金效率分析时，将负债的预期收益和风险纳入考虑范围。

1. 融资杠杆利益

融资杠杆利益就是企业利用债务融资为权益资本带来的额外收益。当企业的债务利息相对固定，而息税前利润增加的情况下，企业扣除所得税后的剩余资本会有所增加。如此一来，企业权益资本所能够分配到的利润会有所增加。如此一来，企业所有者必然会获得一定的额外收益。

2. 融资杠杆风险

所谓融资杠杆风险，就是企业在借助于融资杠杆来开展融资活动时，有可能导致企业所有者的收益下降。当企业的息税前利润下降时，税后利润必然也会降低。如此一来，企业所有者就会遭受一定的资本损失。

3. 融资杠杆系数

融资杠杆系数指的是企业息税后利润的变动率相当于息税前利润变动率的倍数。对于股份有限公司来说，可以表现为普通股每股息税后利润变动率相当于息税前利润变动率的倍数。通过融资杠杆系数，可以在一定程度上将企业面临融资风险的高低反映出来，还可以对融资杠杆发挥作用的情况进行衡量。

三、企业融出资金效率

资金融出效率反映的是融资方式能否以最低的成本与风险，使资金融出方获得最大的收益。资金融出效率主要是由以下三部分构成的。

第一，融出资金成本。其主要包括两部分：一是资金融出方向资金融入方提供的资金；二是资金融入方向中介机构支付的各种费用。

第二，融出资金收益。其指的是资金融出方通过对自己的资金使用权进行让渡而获得的补偿或回报。融出资金收益会受到利率、物价水平、融资风险等因素的影响，而且融出资金收益有近期收益和远期收益之分。其中，近期收益是一种直接性收益，即资金融出方通过买卖利息、股息、证券等在融资活动中所获得的货币收益；远期收益是一种间接性收益，即资金融出方通过股权的增加、股东控制力的加强等在融资活动中所获得的收益。相比近期收益来说，远期收益具有不明确性，而且远期收益的大小难以进行判断。

第三，融出资金风险。融资的预期收益率与融资的实际收益率之间会有一定的偏差，这个偏差就是融出资金风险。融出资金风险的来源主要有两个：一个是融入资金方的营业风险和财务风险；另一个是金融市场风险。

第五节 企业融资的结构及其优化

企业的融资结构从本质上来说，反映了各种资金背后的产权主体的利益配置格局。这一格局不仅会影响到企业的治理结构，而且会影响企业的治理绩效。

一、融资结构的影响因素

企业在选择融资结构时，需要对多种影响因素进行综合考量。具体来看，影响企业融资结构的因素主要有以下几个。

（一）税收政策

企业的融资结构，也会受到税收政策的影响。按照税法规定，债务的利息可以在所得税前扣除，而股票的股利不能。因此，所得税税率越高，利息的抵税效应越显著，企业债务融资的好处就越大。相反，对于一个低税负或者免税的企业，债务资本所带来的好处不太明显，企业就不会倾向于债务融资。因此，税收政策对债务资本的使用产生一种刺激作用。

（二）企业的财务状况

企业的财务状况是通过多个方面体现出来的，如企业的资产结构、资产的周转速度、资产的变现能力等。财务状况好的企业能够承受较大的财务风险，因为债务到期时，必须用现金偿还本金，而现金支付能力不仅取决于企业的盈利能力，还取决于企业资产的变现能力和现金流状况。如果企业已经具有较高的负债水平，举债融资就不如发行股票等股权融资方式有利。因为，股票不需要定期支付利息，可以长期使用，也不需要偿还本金。

（三）企业的经营状况

企业的经营状况会影响到企业的融资结构，这是因为，企业经营状况良好，就可以增加债务资本的比例，以获得财务杠杆利益。因此，在确定最优融资结构时，企业必须将其获利能力与资本成本进行比较。

企业在确定最优融资结构时，不仅要考虑当前的盈利能力，还要考虑未来盈利能力的增长。一般情况下，处于成长期的企业盈利能力强，资金需求大，权益资金能满足其需求且成本高，这时候可以考虑使用更多的负债。

（四）企业管理者的态度

在企业融资结构的影响因素中，企业管理者的态度也是不可忽略的一个。究其原因，主要有以下几点。

1. 企业管理者的态度影响着融资决策

一般来说，对企业的控制权甚微的管理者往往不热心于财务的杠杆作用，因为如果销售额上升，得到剩余收益的是股东而不是他们。而假如出现财务杠杆的副作用，股东丧失的只是有限的股份，而管理者可能要丢掉这份工作，那么他们为了自己的利益会把资产负债比率控制在一定的限度内（不一定是最优的融资结构）。而对于那些拥有公司50%以上控制权的管理者，为了避免权利被稀释，可能倾向于债务融资。

2. 企业管理者的财务风险意识会影响企业的融资结构

在经营状况良好时，管理者一般不愿意通过增发新股来融资，希望尽可能地用债务融资的方式来增加资本。他们这样做往往出于两个方面的考虑：一方面，由于普通股股东拥有表决权，管理人员不愿意使企业的控制权分散；另一方面是为了得到财务杠杆利益，提高每股收益和权益资本报酬率。

3. 管理者对于风险的态度会影响企业的融资结构

一般来说，风险偏好型的管理者具有较强的冒险精神，进而追求较高的风险水平。而风险回避型的管理人员会采取保守的措施，较少采用债务融资。

（五）企业信用等级和金融机构的态度

企业在选择融资结构时，也必须考虑到自身的信用等级以及金融机构对于企业的态度。这是因为，企业的信用等级不高或者金融机构认为企业的负债过高，债权人就会要求更高的利率甚至不愿提供资金，进而使企业无法达到期望的融资结构。

（六）企业所处行业与融资结构的特点

企业所处的行业不同，其融资结构也会有一定的差异。即使是相同行业的不同企业，由于自身发展状况的差异，对融资方式与策略的选择也不尽相同，继而形成不同的融资结构。因此，企业在进行融资结构的决策时，应以行业融资结构的一般水平为参照具体分析，以确定合理的融资结构，并根据实际情况进行及时的调整。

（七）融资方式的资本成本

不同的融资方式，其资本成本也会有所差异。一般来说，债务的资本成本低于权益资金的资本成本。但是过度使用债务融资会增加企业的财务压力，增大不能还本付息的风险，对企业造成不利影响。因此，企业不能认为债务比例越高，资本成本就越低，而应该考虑综合资本成本，选择合适的融资方式。

二、融资结构的效应

关于融资结构的效应，可以从以下几个方面进行分析。

（一）激励约束效应

融资结构的激励约束效应指的是，不同的融资结构决定了不同形式的委托代理关系和控制权分配，不同控制权的分配影响到企业代理成本的大小，从而影响到企业治理结构的运转效率。因此，最为重要的并不是给予经营者控制权或激励，而是通过对融资结构的合理设计，避免经营者在追求自己目标的过程中损害投资者的利益。对此，可以从以下两个方面进行理解。

第一，从股权融资角度来看，如果企业进行股权融资，股票持有者就是企业的所有者，拥有企业的剩余索取权和剩余控制权，股权融资的治理效应通过股东对企业的控制来实现。在这种情形下，股东可以通过两种形式来控制企业。一种是内部监督，即股东以其所拥有的投票权和表决权，通过投票选择公司董事会，由董事会选择经营管理者，将企业的日常经营决策委托给经营管理者来实现。如果经营管理者未尽股东的法定义务，或者存在有损于企业价值的行为，股东可以通过董事会更换经营管理者，但这种监督方式的有效性取决于股权集中程度、股东性质及股东投票权限大小等因素。另一种是外部监督，即当内部控制不能有效发挥作用的时候，股东通过"退出"机制，让资本市场上的接管者对经营者施加压力。这种监督方式的有效性取决于资本市场的发达程度、股权集中程度及流动性。

第二，从债权融资角度来看，负债也能激励经营者从事有效率的经营活动。首先，在经营者对企业的绝对投资保持稳定的前提下，对投资中的负债融资比例予以增大，经营管理者的股权比例也会随之增大，从而对经营者产生激励作用。其次，负债的利息需要固定支付，因而企业必须留有足够的自由现金，这就在一定程度上限制了企业的自由现金流量，继而使经营者无法进行过度投资。最后，如果企业经营不善致使财务状况恶化，债权人有权对企业进行清算破产，企业破产时，经营者不仅会遭受金钱方面的损失，还将承担企业控制权的丧失、名誉地位的降低等非金钱方面的成本，这是经营者不愿意的，为了不破产，经营者会选择努力工作。当然债权融资虽有利于抑制经营者的道德风险，但负债融资又导致股东与债权人之间的委托代理关系，出现另一个代理成本和债务代理问题。

对融资结构进行合理选择，可以使委托人和代理人在实现"双赢"的同时，降低企业经营者和股东在融资过程中可能出现的道德风险。如此一来，企业就能够形成高效的治理结构，继而实现企业市场价值最大化。

（二）控制效应

企业所选择的融资方式，不仅会影响到企业控制权的归属以及实现方式，而且会影响企业的破产清算方式。在这里，主要分析一下融资结构对企业控制权的影响。

从企业控制权的归属来看。现代企业理论表明，企业所有权是指企业剩余索取权和控制权，是一种状态依存所有权，状态依存是指企业剩余索取

第一章
企业融资的基本认知

权和控制权的分配随企业财务及经营状况的变化而变化。股权融资契约和债权融资契约具有不同的企业所有权配置特征，当企业能正常支付债务时，股东作为企业的所有者，拥有企业的剩余索取权和控制权；当企业资不抵债无法偿还债务时，债权人可以通过《中华人民共和国合同法》《中华人民共和国破产法》等对企业资产重组、重整，介入企业经营，取得企业的剩余索取权，并将企业的控制权和经营权转移到自己的手里；在企业完全靠内源融资的状态下，企业的控制权就可能被员工掌握。由此可以知道，企业控制权的归属问题会受到企业融资结构的影响。

从企业控制权的实现方式来看。控制权所属的利益主体并不是固定的，而是会在不同的利益主体之间进行转移。在此影响下，控制权的实现方式就具有了多样化特点。一般来说，股东在对企业进行控制时，主要借助于两种方式：一种是直接控制，主要通过董事会选择、监督经营者来实现；另一种是间接控制，主要通过买卖股票和企业兼并来实现。在企业面临破产时，债权人也可以通过两种方式来控制企业，即对企业进行清算或重组。

（三）信号传递效应

当企业内部人和外部投资者无法获得对等的企业真实信息时，外部投资者只能通过企业所选择的融资方式来了解企业的相关信息。从债务比例的信号传递作用来看，企业的债务数量可反映公司的经营状况，由于代理成本和破产风险的存在，企业经营者与外部投资者对融资方式的选择都十分慎重。在信息不对称的情况下，公司内部人比外部人拥有更多的信息，外部投资者往往通过公司采用的融资结构作为评价公司业绩好坏的指标，低的债务比例视为"坏"信号，高的债务比例视为"好"信号，如果企业进行债务融资就会向投资者发出企业前景看好的信息；而股票融资则会向投资者发出企业质量恶化的信息，使投资者对企业发展失去信心，从而低估企业的市场价值。

（四）税盾效应

一个企业的经济实力、经济效率及其财务风险程度等，都可以在一定程度上通过融资结构反映出来。也就是说，企业的融资结构是否合理，不仅会影响到企业的经营活动，而且会影响到企业的未来发展。

融资结构的税盾效应或称节税效应，是指公司通过调节融资结构中的负债比例而对公司价值产生影响。由于债务利息被看作与生产经营活动相关的费用，税法规定可在公司所得税前支付，即利息可以在税前扣除，这实际上相当于政府代替公司承担了一部分的利息负担，因此将给公司带来免税收益，即公司负债融资可以产生税收效应，进而增加公司的现金流量，降低税后资本成本，从而提高公司的市场价值。如果通过发行股票融资，股票有普通股和优先股之分，不管是普通股股东还是优先股股东都有获得股利的权利，税法规定，支付给股东的股利必须是税后利润，即股利支付是一种利润分配，不属于费用支出，股利分配只能在税后进行，所以发行股票的企业不能享受股息的所得税收益。由于负债融资可以带来税收收益，所以融资结构中应该要有一定数量的负债，但破产成本和代理成本的存在限制了负债的无节制使用，因为负债一旦超过某一临界点时，这些成本就会抵销负债的税收利益。

三、融资结构的优化

对于企业来说，最优化的融资结构可以帮助其确定最为恰当的负债比率，继而促进企业的健康发展。

（一）优化融资结构的原则

企业在进行融资时，要想确定最佳的融资结构，需要遵循以下几个融资原则。

1. 客观性原则

这一原则指的是，企业在进行融资时，必须要依据自身的实际情况，确定恰当的融资规模。融资过多，可能造成资金闲置浪费，增加融资成本；或者导致企业负债过多，使其偿还困难，增加经营风险。而企业融资不足，又会影响企业投融资计划及其他业务的正常开展。因此，企业在进行融资决策之初，要根据企业对资金的需要、企业自身的实际条件及融资的难易程度和

第一章
企业融资的基本认知

成本情况，确定企业合理的融资规模。

一般来说，资金的需求形式（如固定资金、流动资金和发展资金）、资金的需求期限等会对融资规模产生重要影响，因而企业要在对需求形式与需求期限予以综合考虑的基础上来确定融资规模。

2. 控制性原则

这一原则指的是，企业在进行融资时，必须要将企业控制权掌握在自己手中。在现代市场经济条件下，企业融资行为所导致的企业不同的融资结构与控制权之间存在紧密的联系。融资结构具有明显的企业治理功能，它不仅规定着企业收入的分配，而且规定着企业控制权的分配，直接影响着一个企业的控制权争夺。因此，企业不论选择哪种融资结构，都必须确保控制权掌握在自己手中。只有这样，才能保证企业生产经营的自主性、独立性，维护原有股东的利益，促进企业的长远发展。

3. 匹配性原则

这一原则指的是，企业在进行融资时，必须要做到收益与风险相匹配。企业取得最佳融资结构的最终目的是提高资本运营效益，而衡量企业融资结构是否达到最佳的主要标准是企业资本的总成本是否最小、企业价值是否最大。加权平均资本成本最小时的融资结构与企业价值最大化时的融资结构应该是一致的。一般而言，收益与风险共存，收益越大往往意味着风险也越大。而风险的增加将会直接危及企业的生存。因此，企业必须在考虑收益的同时考虑风险。企业的价值只有在收益和风险达到均衡时才能达到最大，因而两者应同时成为衡量最佳融资结构的标准。

4. 机会性原则

这一原则指的是，企业在进行融资时，必须要把握最佳的融资时机，选择最为恰当的融资机会。企业选择融资机会的过程，就是企业寻求与企业内部条件相适应的外部环境的过程。从企业内部来讲，过早融资会造成资金闲置，而过晚融资又会造成投资机会的丧失。从企业外部来讲，由于经济形势瞬息万变，这些变化又将直接影响企业融资的难度和成本。因此，企业若能抓住内外部变化提供的有利时机进行融资，会使企业比较容易获得成本较低的资金。

一般来说，企业必须充分发挥主动性，积极地寻求并及时把握住各种有利时机。由于外部融资环境复杂多变，企业融资决策要有超前性，企业要能够及时掌握国内和国外利率、汇率等金融市场的各种信息，了解国内外宏观经济形势、国家货币及财政政策及国内外政治环境等各种外部环境因素的变化，合理分析和预测能够影响企业融资的各种有利和不利条件，以及可能的各种变化趋势，以便寻求最佳融资时机。

5. 适宜性原则

这一原则指的是，企业在进行融资时，必须要融资期限适宜。从资金用途来看，如果融资是用于企业流动资产，由于流动资产具有周期短、易于变现、经营中所需补充数额较小及占用时间短等特点，企业宜选择各种短期融资方式，如商业信用、短期贷款等。如果融资是用于长期投资或购置固定资产，这类用途要求资金数额较大、占用时间长，因而适宜选择各种长期融资方式，如长期贷款、企业内部积累、租赁融资、发行债券和股票等。

（二）最优融资结构的确定

对于企业来说，在确定最优融资结构时，可以借助于以下两个有效的方法。

第一，综合资本成本比较分析法，即通过计算和比较不同融资结构下的综合资本成本，以综合资本成本最低为标准来确定最优融资结构。

第二，每股收益分析法，即通过研究分析息税前收益及每股收益的关系，为确定最优融资结构提供依据。一般而言，当企业实现的息税前利润足够大时，企业多负债会有助于提高每股收益；反之，则会导致每股收益下降。

第一章
企业融资的基本认知

第六节　企业成长过程与融资方式的发展变化

企业是不断成长的，而且企业在不同的时期对资金的需求量是有所差异的，这就决定了企业需要随着自身的成长来变化自己的融资方式。

一、种子期与融资方式

企业在种子期阶段，主要支出在试验费用，所需资金量总体来说并不大。不过，企业在这一时期没有收入，而且创业者的个人资本有限，所以创业者的个人投入不能满足企业资金需求。这一时期企业风险很大，成功率非常低，也没有既往的信用记录，所以通常不能获得银行信用贷款；企业没有可供担保的资产，也不能获得银行的担保贷款。即使能获得少量的贷款，因为期限短，也不能满足企业对资金的长期需求。所以，这一时期企业的出路在于外部股权融资，如天使融资。

天使融资往往是在企业种子期的融资中使用的。对于一个尚未走出实验室阶段的科研成果和一个仅仅有创意的项目来讲，创业失败的比例高达一半以上。如果创业者坚持下去，第一道阻碍的关口就是融资。创业初期的企业不论是创业项目还是创意都不够成熟，因而要进行融资是极为困难的。不过，处于种子期的企业并不会放弃进行融资，而且最有可能实现的融资方式就是天使融资。

天使融资也称非正式投资，指的是个人或投资组织帮助那些掌握专有技术或原创项目构思但缺少自有资本开发的创业者进行创业所进行的一次性前期投资，也是权益资本的一种。一般来说，天使投资人主要有三类，即富裕者、成功的创业者和大型科技企业和证券业或投资银行业的高级管理者。

天使融资的投资额不大，投资期限较长，不追求即时的短期经济利益；天使融资的程序简单快捷，往往由个人来决定是否对一个企业进行投资；天使融资往往带有较强的感情因素，即企业在很多情况下是通过个人关系或是熟人介绍来获得天使投资的；天使投资是一项高风险的融资方式，其专注于初创企业的新项目，甚至投资扶持尚处在试验阶段的项目完成并推向市场，但创业能否成功是不可知的，可一旦创业成功所获得的收益也是很高的。

对于种子期的企业来说，获得天使资本的重要性是不言而喻的，但想获得天使资本也不是一件容易的事情。因此，处于种子期的企业必须要了解天使投资人对创业企业的选择条件，以及采用怎样的方法才能够吸引天使资金。

对于创业企业获得天使投资的条件，具体来说有三个：一是创业企业的项目应是具有巨大发展潜力的、有较高技术含量的新兴产业项目，且能够引起天使投资人的兴趣与关注；二是创业企业给予天使投资人的企业股权比例应在10%以上；三是创业企业在未来5~10年的营业收入和利润应该达到年增长率10%~20%甚至更高。除此之外，创业者应该具有良好的人际关系网，因为天使投资人基本不会对不熟悉、不相识的创业者投资。也就是说，创业者必须注意积累与发展自己的人脉，能够自己去认识投资人或者被自己的人脉介绍给投资人。

合理的创业（商业）计划书，对于创业企业获得天使投资人的青睐也有积极的意义。创业计划书是创业者根据一定的格式和内容要求而编写整理的一个有关创业企业及其创业项目的目前状况、未来发展潜力及内外部环境条件和要素的书面文件。其主要是给投资人和项目合作方看的，让投资人和合作方对创业企业或项目本身作出评价，达到创业企业招商融资、获得其他资源从而实现共赢的目的。只有内容翔实、数据可靠、装订精致的创业计划书，才能吸引投资商。

二、创建期与融资方式

企业进入创建期，由于生产与营销的开展，对资金的需要会大大增加。但是，企业在这一时期由于销售收入很少，因而大部分资金需要通过外部融

第一章
企业融资的基本认知

资的方式来实现。由于企业在这一时期仍然面临着很大的经营风险，因而要获得银行贷款几乎是不可能的。此外，企业在这一时期无法明确自己的发展前景，因而通过向员工大规模筹资的方式来实现融资也是不现实的。因此，这一时期的融资仍然依赖外部股权融资、风险融资等。股权融资的相关内容会在第二章中进行详细阐述，因而这里主要分析一下风险融资。

风险融资就是通过获得获取风险投资进行的融资。风险投资家会仔细挑选具有巨大潜力的中小企业，并随着企业的成长分批分期地将资金注入企业，增加创业企业价值，并从中盈利。风险投资是一种持续、流动性差的权益资本而非借贷资本，风险投资家投入权益资本并非想控制企业，而是想盈利。风险资本偏聚于创新创业活动最活跃的地区；偏向于高增长性、高附加值和高回报预期的新兴领域和行业的中小企业的创业活动；偏爱综合素质好，有企业家潜质的创新者和团队。

风险资本投资规模大，一次风险投资的金额少则50万到150万美元，高则甚至达到1亿美元。因为风险投资规模大，所以其筛选审查过程也极其严格。在所有申请项目中，有90%因不符合风险投资公司的标准、喜好而不被考虑，符合标准的10%中又只有0.5%的项目可以通过审查和全面复审，获得风险投资。

为获得风险融资，创业者必须放弃一部分企业的所有权，这是因为大多数风险资本家通过购买小企业的普通股或可转换优先股获得所有权。购买份额可大可小，创业者会在获取资金的优点与丧失企业控制权的缺点间作出平衡。除此之外，风险投资家会加入投资企业董事会，甚至任命新的经理或团队来保护自己的投资。所以，在达成融资协定前，创业者应与投资者在控制权多少和承担日常管理经营多少上达成协定。

风险投资者的兴趣多在一些处于上升期的、发展稳定的大企业，能够吸引到风险投资的初期企业只占9%，多是高科技公司，但也会考虑其他领域。大多数风险投资公司并非一次性融资，而是选择风险相对小的多次持续融资。

我国风险投资机构主要有四类：政府建立的风险投资公司、有限责任公司、中外合资的风险投资公司、政府设立的科技创新基金。我国风险投资处在初级阶段，大部分风险投资由政府组建或政府控股，投资十分谨慎。风险投资投入的领域较窄，服务对象也是已经具有一定规模、产生一定效益的企业。

三、成长期与融资方式

企业在进入成长期后，资金的需求量会大大增加，甚至是之前的几倍、几十倍。虽然销售规模增长很快，但是企业资金的自我循环还不能完全解决资金需求，规模扩张的资金缺口很大。在这一时期，企业已经有了一部分积累，企业的留存收益和企业投资者的再投入可以解决部分资金；依靠资产担保可以获得短期、中期银行贷款；这时市场反馈给企业一个非常好的信号，员工对企业的预期向好，也愿意向企业提供资金；也可以通过公开发行或私募股票和债券筹集资金。融资渠道呈现多样化。企业经过快速扩张后进入稳定成长期，资金需求减少，而自我资金积累较多，如果不进行二次创业，资金逐步呈现剩余。

四、成熟期与融资方式

企业在成熟期，资金的自我循环基本上可以解决资金需求问题，甚至有大量的资金剩余。企业进入成熟期以后，其在商品市场、金融市场、技术市场、人才市场、产权市场上的行为更加成熟，生产经营和盈利的手段更加多样化，在行业和社会中的地位更加巩固，此时企业的融资不再仅仅是关注如何获取资金，而是十分重视融资效率，注重资本结构的变化，注重法人治理结构的变化，注重企业的社会形象。因此，企业在成熟期的融资方式，应该是偏好外源融资，如果需要外部资金则偏好债务融资。此外，IPO融资也是成熟期企业进行融资的一种重要方式。

IPO就是公开募股，即一家企业或公司（股份有限公司）第一次将它的

第一章
企业融资的基本认知

股份向公众出售（首次公开发行，指股份公司首次向社会公众公开招股的发行方式）。企业IPO说明企业已经发展到成熟的阶段，有足够实力上市获得更大的发展。企业IPO有利于吸引投资者并募集资金，还能提高知名度，为企业后期的发展打下坚实的基础。

企业IPO融资的主流方式有两种，即境内上市、境外上市。其中，境内上市是指证券发行人在自己国家的证券交易所挂牌，并且需要公开发行证券的交易方式。在我国，凡是在上海证券交易所、深圳证券交易所挂牌交易的企业，都属于境内上市。以数量作为衡量标准，境内上市是最主要的证券上市方式。境外上市是指国内的企业在境外证券交易所上市，并且向境外投资者发行股票。企业在境外上市，可流通股票的范围比较广，还可以豁免某些税收等。但境外上市的门槛较高，并非所有企业都可以在境外上市，需要满足相应条件后才能向中国证监会申请并且获得审批。

IPO融资的优势有，能够融通更多的股权资本，发展中的公司对于资金的需求比较强烈，故通过IPO上市以后能够筹得更加充沛的资本，增强股票的变现能力；避免股权过度集中，以股权为对价换取融资，能够保证吸引其他资本进入，同时也分散了投资风险；提高企业的知名度，公司上市之后，其股价的涨跌背后是投资者的评价和信任；市场确定企业价值，公司的价值通过股票价格市场化来认定，能够更好地激励管理层改进自己的治理水平。

IPO融资的劣势有，牺牲部分隐私，按照法律规定，上市公司须承担更多的信息披露义务，所以须向公众公开更多的财务和管理信息；承担更多的披露成本，由于公司筹备上市须花费一些费用，上市之后定期信息披露也要花费更多费用；股价扭曲公司实际价值，股价非理性波动的时候，可能会受到人为因素影响而扭曲。

对于企业来说，要进行IPO融资，需要具备以下条件：一是具备健全且运行良好的组织机构；二是具有持续盈利能力，财务状况良好；三是最近三年财务会计文件无虚假记载，无其他重大违法行为；四是经国务院批准的国务院证券监督管理机构规定的其他条件。

此外，企业在进行IPO融资时，一项重要的工作是进行IPO定价。所谓IPO定价，就是新股进入市场之前，企业对股票价值进行判断并且拟定。这是公认的最难攻克的一道上市难题，因为IPO价格无法做到超脱与客观，想要精确拟定新股发行价格是难以实现的。IPO定价将从根本上决定企业发行新股是否成功，以及股票上市后的发展状况。同时，IPO定价还会对企业、承销商、投资者产生不同的影响。对企业而言，IPO定价直接决定筹集资金计划，还影响着发行股票的成本，甚至会对企业未来发展产生重大影响；对承销商而言，IPO定价决定了成本效益水平；对投资者而言，IPO定价决定其未来的收益水平。如果IPO定价过低，虽然发行会比较顺利，但会危及原有股东的权益，而企业募集资金量也会因此而减少，不利于企业运营与发展。如果IPO定价过高，发行风险增加，而承销商的利益也会受到损害，还会影响投资者的认购热情，也会影响到企业的筹资需求。

通常情况下，企业IPO定价最常采用的方法是收益折现法与类比法。收益折现法是通过估计企业未来的经营状况并且结合贴现率与贴现模型，进而推算出企业价值。常用的贴现模型分别是股利折现模型与现金流贴现模型。事实上，贴现模型难度不高，现金流与折现率的确定方式才是这一方式中最关键的内容。类比法是指企业将自己的指标与同类已经上市的企业的指标进行类比，进而确定企业价值。比如以自己的每股收益、每股净资产与同类上市企业的市盈率、市净率进行比较，再预测自己的指标。

五、衰退期与融资方式

企业处于衰退期时，生产经营迅速下滑，盈利水平大幅下降，直至年年亏损，积累不足、甚至无积累或者原有积累被耗尽。随着内源融资能力的下降或消失，企业的外源融资陷入十分困难的境地。这时，能够拯救企业的只有外源融资，如果企业不能获得外部资金的救助，企业肯定要面临财务危机，最终走向破产或被别的企业兼并。

第二章

企业股权融资

股权融资就是企业的股东愿意让出部分企业所有权，在企业增资的同时引进新的股东的融资方式。股权融资有着多样化的形式，本章中着重阐述企业公募股权融资、企业私募股权融资、企业并购融资和企业机构性股权融资。

第一节 企业公募股权融资

一、企业公募股权融资的含义

企业以社会公开方式，向公众投资人出售股权进行的融资，便是公募股权融资。企业运用公募股权融资，可以向公众直接融资，取得大量资金。不过，这种融资方式耗时多、成本高，而且企业需要承受来自证券分析师和大型机构投资者的巨大短期经营业绩报告的压力。

二、企业公募股权融资的形式

企业公募股权融资的形式是多种多样的，这里主要介绍一下股票融资和定向股融资。

（一）股票融资

股票是一种有价证券，是股份有限公司签发的证明股东所持股份的凭证。股票融资是指资金不通过金融中介机构，借助股票这一载体直接从资金盈余部门流向资金短缺部门，资金供给者作为所有者（股东）享有对企业控制权的融资方式。

1. 股票的基本认知

（1）股票的特征

股票的特征，具体来说有以下几个。

第一，权利性和责任性。股票所有者作为公司的股东，主要享有对公司的剩余索取权和剩余控制权。所谓的剩余索取权，实际上指的是对公司净利润的一个具体要求权。所谓的剩余控制权，主要是指对公司经营决策的相关参与权。股东拥有的剩余索取权与剩余控制权，恰恰构成了公司的所有权。

第二，收益性。人们投资股票的根本目的是为了能够从中获利。股票投资者的投资利益主要来自两个方面：一方面是公司派发的股息和红利；另一方面是在二级市场上由于股价上扬而获得的价差。

第三，不可返还性。股票持有者不能提出公司退还其股本的具体要求。因为股票在反映债权债务关系的同时，还能进一步地反映所有权关系。但是，对于投资者而言可以在金融市场上把其股票进行出售，把资金抽回。但这仅仅是投资者之间的一种股权转让形式，对公司而言只是股东有了相应的改变，并不会因此使公司的资本有所减少。

第四，价格波动性。股票作为一种进行交易的对象，其性质同商品一样，有着属于自己的市场行情和明确的市场价格。由于公司经营的具体状况、供求关系、银行利率、大众心理等多种因素都会对股票的价格造成一定的影响，所以股票的波动存在很大的不确定性。

第五，流通性。在资本市场的各种金融工具之间，股票有着较强的流通性。在金融市场上，可以随时对股票进行转让，以此换取现金；也可以进行相关的抵押融资。这种高度的流通性使投资在很大程度上出现了较为集中的风险分散化、长期投资短期化的特点，于是大量的闲散资金被吸引介入进来，所以，可以说流通性是股票市场繁荣发展的一个重要基础。

第二章
企业股权融资

第六,风险性。股票投资具有的相对高收益也在很大程度上带来了相对的高风险。如果投资者经营管理欠缺,那么往往很难获得预期的回报,除此之外,甚至会造成资本金的大量损失,也可能因系统性风险等因素使二级市场的投机者因股市波动而造成投资失误。

(2)股票的类型

股票依据不同的标准,可以分为不同的类型。下面介绍几种常见的股票分类方式。

第一,以股东的权利内容为依据,可以将股票分为普通股和优先股两种。其中,普通股是公司股票的一种基本形式,也是公司发行量最大、最为重要的股票。其基本特征是平等地给予股东多项权利,即收益分配请求权、经营参与权、剩余资产分配权、增发股票的优先购买权。优先股因其股息率是事先确定,类似于债券,而另一方面又代表对公司的所有权,所以与普通股性质相近。在法律地位上,优先股的索偿权先于普通股,后于债权人,是介于普通股和债券之间的折中性证券。优先股较普通股的优先权主要体现在两方面:一方面是领取股息优先;另一方面是分配剩余资产优先。不过,优先股相比普通股来说,也有一些缺点,如股息率事先确定,当公司经营状况良好,利润丰厚时,优先股的股息不会因此而提高,普通股获利却可增加。又如,优先股股东一般对公司的经营决策没有表决权,即不能参与公司的经营管理。

第二,以股票的上市地点和所面对的投资者为依据,可以将其分为A股、B股、H股、N股和S股四种类型。

第三,以是否有票面价值为依据,可以将股票分为有面值股票和无面值股票两种。

第四,以股票是否记载股东姓名为依据,可以将其分为记名股票和无记名股票两种。一般来说,公司向发起人、法人发行的股票,应当为记名股票。

（3）股票的发行

股票发行的基本条件是，发行人必须是股份有限公司。股份有限公司是指全部资本分为等额股份，股东以其所持股份为限对公司承担责任，公司以其全部资产对公司的债务承担责任的法人。

股票发行的方式有直接发行和间接发行之分。其中，直接发行是指股份公司自己承担股票发行的一切事务和发行风险，直接向投资者推销出售股票的方式，其只适用于有既定发行对象或发行风险小、手续简单的股票。间接发行是指发行者委托证券发行机构出售股票的方式。间接发行有三种方法，即代销、余额包销和全额包销。

2. 股票融资的优缺点

（1）股票融资的优点

股票融资的优点主要有以下几个。

第一，股票融资所筹资金具有永久性，无到期日，不需归还。在公司持续经营期间可长期使用，能充分保证公司生产经营的资金需求。

第二，股票融资的筹资风险小。由于普通股票没有固定的到期日，不用支付固定的利息，不存在不能还本付息的风险。

第三，股票融资没有固定的利息负担。公司有盈余，并且认为适合分配股利，就可以分给股东；公司盈余少，或虽有盈余但资金短缺或者有有利的投资机会，就可以少支付或不支付股利。

第四，股票融资可以提高企业知名度，为企业带来良好的声誉。发行股票筹集的是主权资金。有了较多的主权资金，就可为债权人提供较大的损失保障。因而，发行股票筹资既可以提高公司的信用程度，又可为使用更多的债务资金提供有力的支持。

第五，股票融资有利于帮助企业建立规范的现代企业制度。

（2）股票融资的缺点

股票融资的缺点主要有以下几个。

第一，股票融资的成本较高。首先，从投资者的角度讲，投资于普通股风险较高，相应地要求有较高的投资报酬率。其次，对筹资来讲，普通股股利从税后利润中支付，不具有抵税作用。另外，普通股的发行费用也较高。

第二，股票融资上市时间跨度长，竞争激烈，无法满足企业紧迫的融资需求。

第三，股票融资容易分散企业的控制权。当企业发行新股时，出售新股票，引进新股东，会导致公司控制权的分散。

第四，新股东分享公司未发行新股前积累的盈余，会降低普通股的净收益，从而可能引起股价的下跌。

（二）定向股融资

1. 定向股的含义

定向股是一种收益与公司内特定经营单位业绩相联系的特殊的公司普通股。对企业来说，定向股在保全其作为统一实体而具有的优点的同时，还提供了许多与创设单独的公众股票相关的优点，因而比较受投资者的欢迎。

2. 定向股的特点

在进行定向股融资时，通常需要将一个企业的经营分成最少两个目标经营单位，而且每一个目标经营单位都是企业的一部分。因此，企业在通过其目标经营单位来发行股票时，公众所持有的股票就不仅仅是反映该企业所有经营单位整体价值的单一普通股，而是各个经营单位的定向股票。同时，透过定向股票，也可以了解各个目标经营单位的业绩。

定向股票的所有者，享有对目标经营单位收益进行分红的权利。而定向股票所有者的分红权不仅会在一定程度上制约目标经营单位的成长与发展，而且会影响企业内部其他目标经营单位的成长与发展。之所以会出现这一情况，原因是定向股票并没有将企业的资产在法律意义上转移或转让给目标经营单位，而且定向股的结构并不会使企业的管理控制现状发生改变。

在发行了定向股票后，目标经营单位在相应时间内的收益情况便成为股息分配的主要决定性因素。不过，企业其他类型普通股在股息分配上的一些限制性的规定，也同样适用于定向股票，如股息分配必须在清偿了企业所欠优先股股息之后方可进行。

除此之外，定向股票还具有浮动投票权，即目标经营单位的市值会影响定向股票的投票权，且两者呈正相关关系。当定向股票的投票权增大后，定向股票在股东大会上对投票结构的控制能力便会得到增强。

3. 定向股的优缺点

（1）定向股的优点

定向股的优点，具体来说有以下几个。

第一，企业通过发行定向股票，可以获得一种新的融资手段。如此一来，企业融资的范围便会有所扩大。

第二，企业在发行了定向股票后，分析师仍可以继续对原企业进行跟踪与评估，以保证企业下次融资的便利性、准确性和可行性。

第三，企业发行定向股票，可以确保自身优良资产的价值得到客观评估与真实反映。同时，借助于定向股票的价值，企业的价值也会得到进一步提升。

第四，企业发行定向股票，在一定程度上可以起到激励员工的作用。

（2）定向股的缺点

定向股的缺点，具体来说有以下几个。

第一，企业发行定向股票时，为了对某类股东的利益进行照顾，很可能会损害其他类型股东的利益。

第二，企业发行定向股票时，需要对各个经营单位分配内部资产负债。在这一过程中，现金的流动可能会受到一定限制。

第三，企业发行定向股票时，目标经营单位仍要承担统一主体的债务责任。

4. 定向股的发行

在发行定向股时，可以采用以下几种形式。

第一，将定向股票以发放股息的方式分配给现有股东。这种定向股发行形式，不利于企业对新资本进行筹集。

第二,股票承销向新的股东或社会公众发售目标经营单位的定向股票,未售完的部分由企业持有。这种定向股发行形式可以使企业筹集到新的资本,但不利于定向股发行任务的实现。

第三,通过对目标经营单位或企业的收购来进行,用定向股票来换取被收购经营单位或企业的原股东持有的股份。这种定向股发行形式虽然不利于企业对新资本进行筹集,但能够帮助企业在较短的时间扩大经营规模和经营范围。

第二节 企业私募股权融资

一、企业私募股权融资的含义

私募股权融资又称"PE融资",指的是通过私募形式对私有企业,即非上市企业进行的权益性投资,在交易实施过程中附带考虑了将来的退出机制,即通过上市、并购或管理层回购等方式,出售持股获利。

二、企业私募股权融资的特点

企业私募股权融资的特点主要有以下几个。

第一,私募股权融资在资金募集上,主要通过非公开方式面向少数机构投资者或个人募集,它的销售和赎回都是基金管理人通过私下与投资者协商进行的。另外在投资方式上也是以私募形式进行,绝少涉及公开市场的操作,一般无须披露交易细节。

第二,私募股权融资多采取权益型投资方式,绝少涉及债权投资。私募股权投资机构也因此对被投资企业的决策管理享有一定的表决权。反映在投资工具上,多采用普通股或者可转让优先股,以及可转债的工具形式。

第三,私募股权融资一般投资于私有公司即非上市企业,绝少投资已公开发行的公司,不会涉及要约收购义务。

第四，私募股权融资比较偏向于已形成一定规模和产生稳定现金流的成型企业。

第五，私募股权融资的投资期限较长，一般可达3至5年或更长，属于中长期投资。

第六，私募股权融资的流动性差，没有现成的市场供非上市公司的股权出让方与购买方直接达成交易，通常只能通过兼并收购时的股权转让和IPO时才能退出。

第七，私募股权融资的资金来源广泛，如富有的个人、风险基金、杠杆并购基金、战略投资者、养老基金、保险公司等。

第八，私募股权融资的投资机构多采取有限合伙制，这种企业组织形式有很好的投资管理效率，并避免了双重征税的问题。

第九，私募股权融资的投资退出渠道多样化，有IPO、售出、兼并收购、标的公司管理层回购等。

三、企业私募股权融资的优缺点

（一）企业私募股权融资的优点

企业私募股权融资的优点主要有以下几个。

第一，私募股权融资有较为稳定的资金来源。中小企业较难获得银行贷款，而且银行贷款要求抵押担保，收取利息，附加限制性契约条款，并可能在企业短期还款困难时取消贷款，给贷款企业造成财务危机。和贷款不同，私募股权融资增加所有者权益，而不是增加债务，因此私募股权融资会加强企业的资产负债表，提高企业的抗风险能力。私募股权融资通常不会要求企业支付股息，因此不会对企业的现金流造成负担。投资后，私募股权投资者将成为被投资企业的全面合作伙伴，不能随意从企业撤资。

第二，私募股权融资降低财务成本。获得私募股权融资后的企业会有更强的资产负债表，会更加容易获得银行贷款，进而降低贷款成本。

第三，私募股权融资有高附加值的服务。私募股权基金的合伙人都是非常资深的企业家和投资专家,他们的专业知识、管理经验以及广泛的商业网络能够帮助企业成长。私募股权基金投资企业后,成为企业的所有者之一,因此和现有企业所有者的利益是一致的。私募股权基金会尽其所能来帮助企业成长,例如开拓新市场、寻找合适的供货商以及提供专业的管理咨询等。

第四,私募股权融资可以提高企业的内在价值。能够获得顶尖的私募股权基金本身就证明了企业的实力。与上市达到的效果类似,企业会因此获得知名度和可信度,会更容易赢得客户,也更容易在各种谈判中赢得主动。获得顶尖私募股权基金投资的企业,通常会更加有效率地运作,可以在较短时间内大幅提升企业的业绩。企业可以通过所融资金扩大生产规模,降低单位生产成本,或者通过兼并收购扩大竞争优势。企业可以利用私募股权融资产生的财务和专业优势,实现快速扩张。

(二)企业私募股权融资的缺点

企业私募股权融资的缺点主要有以下几个。

第一,企业进行私募股权融资会遇到各种法律风险。

第二,企业进行私募股权融资时,很可能因股权稀释过大而丧失控股地位。

第三,企业进行私募股权融资时,若私募股权投资者获得控股地位,则企业便会丧失管理权。而企业一旦丧失了管理权,其决策者也必然会发生变化。由于新决策者的发展策略与原股东不同,企业的发展方向便会发生改变。

第四,企业进行私募股权融资时,若不能与私募股权投资者达成一致观点,则可能会对企业未来的可持续发展造成不利影响。

四、企业私募股权融资的形式

企业私募股权融资的形式是十分多样化的,这里主要介绍一下职工持股和风险资本融资两种形式。

（一）职工持股融资

公司或企业内部的职工以其个人合法财产投入公司或企业，从而获得公司或企业一定股份的融资方式，便是职工持股融资。通常来说，公司或企业内部的职工可以通过证券市场获得所在公司或企业的股份，还可以通过接受公司或企业的奖励、购买公司或企业内部发行或转让的股票等来获得股份。

职工持股融资具有两个鲜明的特点：一是投资者进行投资主要是为了获得一定的投资收益，基本不会造成公司或企业决策权的稀释；二是职工持股融资的速度快，操作程序简单。此外，职工持股融资对于增强公司或企业的凝聚力、提高公司或企业的经营效益具有积极的意义。

（二）风险资本融资

风险资本融资是指风险投资公司或风险投资家与企业之间的股权融资，是风险投资公司或风险投资家向具有较高风险的企业或公司提供股本资金或准股本资金的活动，或者说是创业企业或高风险企业等从风险投资公司或风险投资家处获得资金的活动。

1. 风险资本融资的主体

风险资本融资的主体主要有以下两类。

（1）风险投资公司

风险投资公司是连接投资者与风险企业的中介机构，也称为风险投资家。它在投资者的支持下设立风险投资基金，并将风险投资基金投向风险企业，在风险企业发展到一定阶段时（如成熟后），转让其所有者的股份，收回投资和获得投资收益。

风险投资公司一般都是由经济、金融以及法律等方面的专家组成，是对风险资本融资中介机构的统称。实际工作中，其名称很多。

（2）风险企业

风险企业是对风险资本的投资对象的统称，是风险资本融资的资金需求方。风险资本的投资对象统称为风险企业。

第二章
企业股权融资

2. 风险资本融资的特点

风险资本融资的特点主要有以下几个。

第一，高风险性。风险资本融资没有抵押担保，也没有盈利记录，而且未来是否盈利也具有很大的不确定性。这些都表明，风险资本融资是一种风险很高的融资方式。

第二，高参与性。创业企业的业主多缺乏商务经验和管理经验，这往往成为其成功的绊脚石。基于此，创业企业在开展风险资本融资时，不仅需要投资者投入一定量的资金，还需要投入者注入相关的经营与管理经验等。也就是说，进行风险资本融资的企业会获得风险投资公司的资金与管理咨询、业务开拓等附加服务。从这一角度来说，风险资本融资具有高参与性特点。

第三，高技术性。风险投资公司多对信息与通信技术、生物科学等高新技术产业进行投资，这使得风险资本融资具有了高技术性特点。

第四，高收益性。风险投资公司的风险投资一旦承担，便会获得高额的回报。因此，高收益性也是风险资本融资的一个重要特点。

第五，时限性。风险投资公司对企业进行投资，并不是为了对企业进行长期控制，而是为了在短期内通过企业获得高额的回报。因此，风险资本在投入一家企业一段时间且获得较高的收益后便会退出。此时，风险投资公司所获得的收益要么归还给投资者，要么对新的企业进行投资。

第六，综合性。风险资本融资是由资金、技术和人才三个基本要素构成的。资金是风险资本融资的条件，技术是风险资本融资的基础，人才是风险资本融资的保证。缺少了这三个因素中的哪一个，都会导致风险资本融资无法顺利进行。从这一角度来说，风险资本融资具有综合性特点。

3. 风险资本融资的运行

风险资本融资是一个复杂、长期的过程，其基本内容可以概括如下：投资者出资设立风险投资公司、组建风险投资基金或风险投资家选择并确定投资对象，风险投资公司给风险企业投入资金，参与被投资企业的管理并向被投资企业提供商务服务，风险投资公司收回投资、退出被投资企业。

第三节 企业并购融资

在企业的融资方式中，并购融资也是十分重要的一种。通过兼并收购，有活力的企业将持续繁荣，而失败的企业可以重新获得生机。

一、企业并购的基本认知

（一）企业并购的含义

并购涉及两方面的内容，即兼并和收购。兼并的含义有狭义与广义之分。企业在市场机制的作用下，通过产权交易获得其他企业产权，继而对其他企业进行控制的行为，便是狭义的兼并。在狭义兼并含义下，被兼并企业会丧失其法人资格，而主兼并企业仍然保持其法人地位。从这一角度来看，狭义的兼并就是吸收合并其他企业。广义的兼并指的是企业在市场机制的作用下，通过产权交易获得其他企业产权，并企图获得其控制权的经济行为。在广义兼并含义下，被兼并企业不一定会丧失其法人地位。这是因为，广义兼并含义下的兼并双方，可以通过合并来成立一个新企业，此时兼并双方都会丧失其原本的企业法人地位。或者说，广义兼并含义下的主兼并企业和被兼并企业都可能解散也可能不解散。当主兼并企业解散时，就需要联合兼并双方的产权成立一个新的企业，这样企业就会获得新的法人资格，原来主兼并企业和被兼并企业都会丧失其企业法人地位。因此，广义兼并除了吸收合并外，还包括新设合并与控股等形式。

所谓收购，就是购买被收购企业的资产和股份的行为。当收购完成，若是被收购企业的全部或大部分资产和股份便归收购企业所有，则收购企业便获得了被收购企业的控制权；若是被收购企业只有一小部分资产或股份归收购企业所有，则收购企业只能是该企业的股东之一。

第二章 企业股权融资

（二）企业并购的类型

企业并购依据不同的标准可以分为不同的类型，下面介绍几种常见的分类方式。

1. 以结算方式为依据进行分类

以结算方式为依据，可以将企业并购细分为以下几类。

（1）现金支付型并购

以现金作为企业并购结算的并购方式，便是现金支付型并购。企业在进行并购交易时，现金结算可以说是最简单、最直接、最彻底的结算方式。一旦目标公司的股东收到了与其持有股份相关的现金，则其对目标公司就不再具有所有权。

现金支付型并购的现金支付方式主要有两种：一种是即时支付，即在并购行为发生的同时，现金支付同时发生；另一种是递延支付，即收购企业借助中介机构或财务顾问发行某种形式的票据作为对目标公司股东的支付，之后在利用目标公司的收益对票据款进行偿还。

现金支付型并购交易简单、迅速，但需要收购企业在短期内支付大量的现金，因而可能对收购企业的财务造成一定压力。此外，收购企业在同一时间支付大量现金后，很可能出现现金断流情况，影响接下来的经营活动。

（2）零成本收购型并购

当目标企业的资产与债务相等时，收购企业以承担其债务为条件来接受其资产，在不支付任何款项的情况下收购目标企业的行为，便是零成本收购型并购。当目标企业的净资产较低且经营状况不佳时，收购企业往往可以通过这种方式来收购目标企业。而收购企业在收购了目标企业后，不仅要承担起所有债务，而且要负责安置所有员工。

零成本收购型并购可以为拥有技术和管理优势的企业提供低成本扩张的机会，而且收购企业在收购过程中不需要支付现金，因而不会增加其财务负担。

（3）换股并购型并购

目标企业的所有者综合考虑其净资产、商誉、经营状况和发展前景等，并将其折算成一定的股金比例，投入到并购后的新企业中的并购行为，便是换股并购型并购。换股并购型并购下的目标企业的所有者，仍然是并购后新企业的股东，对并购后新企业具有一定的所有权。

换股并购型并购可以使并购的各方相互持股，结合成利益共同体，且因不涉及现金而无须支出所有税。不过，换股并购型并购会导致股权的分散，且不利于企业开展统一经营和日常管理活动，还可能导致每股的收益被稀释，继而股价下跌。

（4）债权支付型并购

当收购企业拥有目标企业的债权时，可将其作为交易的价款来并购目标企业。这种并购方式便是债权支付型并购。

债权支付型并购实际上是目标企业以自身的资产来抵偿债务，因而对于企业债权债务问题的解决提供了一条有效的途径。而收购企业通过债权支付型并购，不仅可以获得账款，还可以进一步扩大自身企业的规模。

2. 以并购双方的产业特征为依据进行分类

以并购双方的产业特征为依据，可以将企业并购细分为以下几类。

（1）横向并购

具有竞争关系、生产和销售同类产品或生产工艺相近的企业之间进行并购时，可以采用横向并购的方式。企业借助于横向并购方式，可以获得规模经济和生产力优势，但也可能造成垄断。

（2）纵向并购

企业之间在生产过程或经营环节存在相互联系，或是企业之间具有纵向协作关系时，进行并购就需要采用纵向并购的方式。很明显，纵向并购的双方是供货者与购货者的关系。此外，企业进行纵向并购，主要是为了降低交易成本，继而取得垄断利益。

以并购企业在整个生产过程中所处的位置为依据，可以将纵向并购细分为两种：一种是前向并购，即制造企业进行并购是为了扩展下一阶段的业务，或是扩展后一经营环节的业务；二是向后并购，即装配或制造企业进行并购是为了扩展零件或原材料生产等业务。

（3）混合并购

这里所说的混合并购，涉及两方面的内容：一是企业在进行并购时，将横向并购与纵向并购相结合；二是两个或两个以上相互之间没有上下游关系和技术经济关系的企业之间进行并购。

企业进行混合并购，目的是获得组合效应，降低经营风险。而以企业的并购动机为依据，可以将混合并购细分为三种情况，具体如下。

第一，产品扩张型并购。这种并购方式是收购企业以原有产品和市场为基础，通过并购其他企业来实现总体实力增强、经营范围扩大等目的。

第二，市场扩张型并购。这种并购方式是收购企业通过并购具有良好市场销售网络的其他企业来实现自身市场领域扩张、市场占有率提升的目的。

第三，纯混合型并购。这种并购方式是收购企业通过并购生产和销售方面互不相关的其他企业来实现多样化经营、分散并降低经营风险的目的。

3. 以并购后的法律状态为依据进行分类

以并购后的法律状态为依据，可以将企业并购细分为以下几类。

（1）新设法人型并购。这种企业并购方式是并购双方都解散后，再成立一个新的公司或法人。

（2）吸收合并型并购。这种企业并购方式是合并中一个法人解散而为另一个法人所吸收。具体而言是指一个优势企业吸收合并目标企业，被吸收企业解散，被吸收企业的债权债务由优势企业承担。

（3）控股型并购。这种企业并购方式是并购企业双方都不解散，但一方为另一方所控制。

二、企业并购融资的方式

（一）企业并购融资的常用方式

企业在进行并购融资时，常用的方式主要有以下几种。

第一，债务融资。债务融资是指企业按约定代价和用途取得且需按期还本付息的一种融资方式。而作为并购融资方式的企业债务融资，主要有贷款融资、债券融资和租赁融资等。

第二，权益融资。权益资本是指投资者投入企业的资金，企业并购中最常用的权益融资方式即股票融资。在企业并购中，运用股票融资具体又分为两种不同的形式。一种是并购企业在股票市场发行新股或向原股东配售新股，即企业通过发行股票并用销售股票所得价款为并购支付交易价款。在这种情况下，并购企业等于用自有资金进行并购，因而使财务费用大大降低，收购成本较低。然而在并购后，每股净资产不一定会增加，这是因为虽然总资产增加了，但公司总股份数也会随之增加。另外，每股收益率要视并购后所产生的效益而定，因此具有不确定性，会给股东带来很大的风险。另一种是以换股方式实现收购，即以股票作为并购的支付手段，根据换股方式的不同可以分为增资换股、母子公司交叉换股、库藏股换股等，其中比较常见的是并购企业通过发行新股或从原股东手中回购股票，然后再进行交换。并购企业采用这种方法的优点在于可以取得会计和税收方面的好处。因为在这种情况下，并购企业合并报表可以采用权益联营法，这样既不用负担商誉摊销，又不会因资产并购造成折旧增加。从目标企业角度看，股东可以推迟收益实现时间，既能获得税收好处，又可以分享并购后新企业实现的价值增值。但这种方法会受到各国证券法中有关规定的限制，审批手续比较烦琐，耗费时间也较长，可能会给竞购对手提供机会，目标企业也有时间实行反收购。更重要的是，发行新股会改变原有股权结构，进而影响股权价值，股价的变动使收购成本难以确定，并购企业不得不经常调整方案。

第三，并购混合融资。并购混合融资常见的工具有两种，即可转换证

第二章
企业股权融资

券和认股权证。其中,可转换证券是指在一定时期内,可以按规定的价格或一定的比例,由持有人自由选择转换为普通股或优先股的债券。由于这种债券可调换成普通股或优先股,因此利率一般比较低。此外,这种债券灵活性较高,公司可以设计出不同报酬率和转换溢价的可转换证券,寻求最佳资本结构;报酬率一般较低,大大降低了公司的筹资成本;一般可获得较为稳定的长期资本供给。不过,其受股价影响较大,当公司股价上涨大大高于转换价格时,发行可转换债券融资反而使公司财务蒙受损失;当股价未如预期上涨,转换无法实施时,会导致投资者对公司的信任危机,从而对未来融资造成障碍;顺利转换时,意味着公司原有控制权的稀释。认股权证是企业发行的长期选择权证,它允许持有人按照某一特定的价格购买一定数额普通股。它通常被用来作为给予债券持有者一种优惠而随同债券发行,以吸引潜在的投资者。

(二)企业并购融资方式的选择

企业在选择并购融资方式时,需要充分考虑到以下几个因素。

1. 企业的融资环境

融资环境会对企业的融资需求量、难易程度乃至该次融资的结果产生重要的影响。融资环境包括很多方面,诸如资本市场、货币的汇率、有关并购融资的法律等。这些并购企业周围的融资环境也会直接或间接地影响企业并购融资方式的选择。比如,资本市场。完善而成熟的资本市场为并购融资提供了广阔的空间。融资方式的多样化及融资成本的降低都有赖于资本市场的成熟。一般来说,资本市场不尽完善时,企业多依靠内部筹资和金融机构信贷等。资本市场也制约着企业的筹资规模,因为只有通过资本市场才能迅速地集中大量的资金,其他途径都没有如此效果,这一点在杠杆收购中体现得尤为明显。又如,汇率问题。随着跨国并购交易的增长,在国际金融市场中,最突出的就是货币的汇率问题。货币汇率首先和最主要是通过影响融资中收到或偿还的资金价值来影响并购融资的。无论是通过何种方式取得融通资金,并购融资活动最起码会以一种货币表明并购价款。在任何随时间支付价款的融资活动中，货币的价值都可能会改变。如果提供和获得融资资金的企业分别使用不同的货币，这同样会影响企业并购融资方式的选择：是选择现金收购、股票收购还是债权收购才能最大限度地降低因汇率而产生的损失，甚至还可能从中获取收益；选择何种融资方式才能更好地运用一种或几种金融衍生工具来防范汇率变动带来的风险，进而实现融资活动的收益最大化。

2. 企业的并购动机

企业在选择并购融资方式时，并购动机是必须要考虑到的一个方面。一般来说，并购企业都希望从并购活动中获取收益，但并购的动机不同，其收益的来源也会有所差异，从而影响企业的融资决策。比如，并购企业有意长期持有目标公司，通过资源的重新配置，引起效率的提高，从而获取收益，那么并购企业会对目标企业注入长期资金，形成一种紧密的生产、经营上的协作关系。基于此，在选择融资方式时，企业会以稳重型为主。如果并购方只是为了利用并购中的某些财务效应而对目标企业注入长期资金，在进行融资决策时则可能会以投机为主，那么企业可能会采取激进的融资政策。

3. 企业并购的支付方式

企业并购的支付方式，也会对企业并购的融资方式产生重要的影响。一般来说，企业并购的支付方式主要有以下几种。

第一，现金收购。在现金收购中，并购企业安排的融资均是以获得现金为目的。但由于现金（如贷款）支付会涉及应付利息抵减所得税问题，为减轻税负，同时也减轻并购企业一次性支付的困难，企业往往会安排进行分期支付，这将会影响并购融资的期限结构。

第二，债券收购。债券收购是指收购公司的支付方式是以现金、股票以外的债券支付的，这些债券可以直接发售给目标企业或是其他提供资金的机构，这既避免大量的现金支付，又可防止控股权的转移，因此较为常用。采取这种方式必须选择好各种融资方式的种类结构、期限结构以及价格结构，以求成本最低、效果最好。

第二章
企业股权融资

第三，股票收购。股票收购是指以通过发行本公司的股票，替换目标公司的股票以达到收购目的的一种出资方式，在股票收购中，虽不收回现金，但却收回代表目标企业控制的股票，这同样是一种融资方式。

4. 融资方式的成本

企业在选择并购融资的方式时，融资方式的成本也是必须要考虑的一个方面。一般来说，债务融资资本成本包括债务的利息和融资费用，债务利息计入税前成本费用，可以起到抵税的作用。企业并购时使用的权益资本主要就是股票。发行股票的资本成本主要是股票的发行费用以及支付的股利。由于企业是在税后支付股利的，没有抵税的作用，因而权益融资成本往往要高于债务融资资本。由于受多种因素的制约，企业不可能只使用某种单一的融资方式，往往需要考虑多种融资方式的成本，进行加权平均资金成本的分析，选择出最适合本企业的融资组合。

5. 并购企业的资本结构

并购企业自身的资本结构，也会影响到并购融资方式的选择。这表现在融资方式和期限结构两个方面。如果并购企业自有资金充裕，动用自有资金无疑是最佳选择；如果企业负债率已经较高，则应尽量采取股权式融资而不宜增加企业的负债；如果企业的未来前景好，为了不稀释股东权益，也可以增加负债或用优先股进行融资，以保证未来收益全部由现有股东享有；并购企业如果短期资金充裕，而长期负债较多，则相应地在并购中尽量避免长期性的债务安排，尽量采取可获取长期资金的融资安排。相反，如果并购企业在将来有较多的现金流入，则可采取相反的做法。

6. 并购企业对待风险的态度

并购融资方式的选择，也会受到并购企业对待风险态度的影响。喜爱风险的企业将采取激进型的融资政策，在融资中更多地利用短期资金来源；而厌恶风险的企业则倾向于采取稳健型融资政策，会更多地利用长期资金来源融通资金。

第四节　企业结构性股权融资

结构性股权融资就是只影响公司或企业的股本数量，并不影响公司或企业资本总额的资金融通方法。一般来说，企业结构性股权融资又可以细分为以下几种形式。

一、债权转股权融资

融资双方按照事先约定的条件或者通过谈判协商将投资者的权益由债权转为股权的融资方式，便是债权转股权融资。当债权转为股权后，融资企业的资本便会增加。

（一）债权转股权融资的形式

债权转股权融资的形式主要有以下几种。

1. 企业债权转股权融资

企业在负债严重、面临破产时，可以选择企业债权转股权这种重组方式。比如，美国政府规定，企业在出现资不抵债的情况下，可以依法申请破产。此时，债权人可以选择进入清算程序予以破产，也可以选择将债权转化成对企业的所有权，继而进行企业重组。

2. 银行债权转股权融资

银行与企业之间的债权与债务问题，是每一个国家都会遇到的。为了对银行不良资产进行化解，银行债权转股权这种融资形式出现了。而要实现银行债权转股权，必须确保该银行被国家允许持有企业股份。

3. 可转换债券转股权融资

可转换债券转股权是在公司发行债券融资时赋予投资者的一种选择权。公司在负债比例过高，而股东又不能重新注入资本以降低负债比例时，实施债转股可以起到优化资本结构、降低财务负担、改善公司治理结构的作用。

第二章
企业股权融资

但是，债转股对股东和债权人都会产生一些不利的影响，因此实施债转股应考虑首先研究这种融资的利弊以及可行性。一般来说，公司实施债转股以后，公司的股份增加，每股盈利可能下降，可能影响公司的再融资；公司股份的增加，会导致原股东控制权的稀释，影响原股东的收益；公司实施债转股，使得原债权人的债权优先索取权变成了剩余索取权，增大了原债权人的投资风险。

（二）债权转股权融资的流程

企业在进行债权转股权融资时，通常要经过以下几个环节。

第一，被投资公司召开股东大会或股东会（外商投资企业应召开董事会，下同），形成决议同意债转股事项，同意委托资产评估机构对债权人拟债转股的债权价值进行评估。

第二，法律、行政法规或者国务院规定债权转股权须经批准的，被投资企业或债权人按规定程序办理批准手续。

第三，被投资公司委托资产评估事务所及其注册资产评估师对债权人用于债转股的债权价值进行评估，并出具资产评估报告。

第四，被投资公司召开股东大会或股东会，形成确认资产评估报告、同意债权人以债权转股权出资金额、增加注册资本的金额、出资方式、出资日期、同意修改公司章程等内容的决议。

第五，债权人与被投资公司签订《债权转股权协议》，对债权人以合同之债转为股权的，尚需签订《债权出资承诺书》。

第六，根据股东大会或股东会决议以及债权转股权协议，被投资公司对债转股会计事项进行相应账务处理。

第七，被投资公司委托会计师事务所及注册会计师办理债转股验资业务，并出具验资报告。

第八，被投资公司办理相关以债权转股权出资方式增加注册资本而涉及工商行政管理机关变更登记所需的法律文书。

第九，向主管工商行政管理机关申请办理工商变更登记手续。

二、股权转股权融资

股权转股权融资，主要是将公司可转换优先股转换为普通股。可转换优先股是公司在发行优先股时赋予优先股购买者的一种权利，购买者可以在将来某一时期内将优先股转换为普通股。可转换优先股的转换时间、转换价格和转换比例应事先确定，持有者在约定的时间内可以行使转换权，也可以放弃行使转换权。

三、股权转债权融资

股转债就是将股东所持有的公司股份转换为对公司的债务，公司股东成为公司的债权人。股权转债权，主要是应用在国有企业改制上面，对一般企业来说使用不多。上市公司把国有股权转为债权，上市公司因此而形成的债务，既可以分期偿还，又可以通过可转换债券形式上市交易，具体转债比例由上市公司根据自身情况确定。

四、发行认股权证融资

在购买公司股票时，购买者需持有认股权证。当购买者持有了认股权证，就可以在规定的期限，按照某一特定的价格，购买既定数量的公司股票。除此之外，认股权证还规定了所购股票的到期时间。

认股权证通常是附在公司的长期债券或优先股上一起发行的，但其本身既不是股票也不是债券，也不能获得任何收入，仅仅是具有凭证作用。此外，公司通过发行认股权证，可以增加公司债券或优先股对投资者的吸引力，继而在一定程度上使融资成本降低。

第三章

企业债务融资

在当前的企业融资中，债务融资是十分常见的一种。企业在运用债务融资时，经营风险总体上来说是比较小的，而且有多种可以选择的融资形式，其包括商业银行贷款融资、企业债券融资、租赁融资等。在本章中，将对企业债务融资的相关内容进行详细阐述。

第一节 企业债务融资的基本认知

一、企业债务融资的含义

所谓企业债务融资，就是企业通过借款承债方式从个人、团体或金融机构借来资金，以用于企业生产运营或发展建设的融资方式。在这种融资方式中，借出资金的个人、团体或金融机构会成为企业的债权人，而且企业需要在约定的期限内向债权人偿还本息。

二、企业债务融资的特点

企业债务融资的特点具体来说有以下几个。

第一，企业通过债务融资所筹得的资金有一定的使用期限，需要在到期后还本付息。企业如果不能按时履行偿债义务，不但会损害其信誉，还会引发财务危机，使企业面临诉讼乃至破产的威胁。

第二，企业债务融资中所涉及的债券，可以自由地在流通市场中进行转让。

第三，企业债务融资中产生的费用会纳入企业的财务费用，这就在一定程度上增加了企业的财务负担。

第四，企业债务融资的风险与债务融资有明确的法律法规保护有密不可分的关系。此外，相关法律法规对债务融资的保障，也在很大程度上保护了债权人的利益。

第五，企业债务融资的程序以及核算方式等都是比较复杂的，而且一般要签订书面合同，并切实履行合同。

三、企业债务融资的比例

企业债务融资的比例，也就是企业的资金总量中债务资金所占的比例。对于企业来说，适当提高负债比例是很有必要的，具体表现在以下几个方面。

（一）能够促进企业股权结构的优化

负债融资的股权效应表明，在经营者对企业的绝对投资额不变的情况下，增大投资中负债融资的比例将提高经营者股权比例，减少股东和经营者之间的目标利益分歧，从而降低股权代理成本。

如果债权人对企业的约束是硬的，那么在股权分散，法人或管理层持股比例较小的情况下，增加负债融资，一方面能相对提高企业的股权集中度和管理者持股比例，增加大股东的监督力度和管理者与股东利益的一致性；另一方面，使债权人特别是大债权人能更好地发挥对大股东、管理层的监督和约束职能。因此，在相对分散的股权结构中，负债融资一方面增加了管理层的激励，对约束经营者行为、防止经营者过度投资，降低股权代理成本、改善企业治理结构、提高企业业绩起着积极的治理效应；另一方面债权人的监督约束了大股东的私利行为，避免大股东对中小股东的侵害。因为当股权过于集中时，大股东会利用手中的控制权通过董事会中的绝对多数来直接控制经营者。此时，经营者为了保住自己的职位，往往会迎合大股东一起来侵占债权人、其他股东（尤其是小股东）的利益。大股东的股权集中优势越明显，这种可能性就越大。此时外部融资的困难将会加大。因为当债权人和其他中小股东事先预料到大股东这种利益侵占行为时，要么就拒绝融资，要么就要求提高投资收益。从企业治理的角度看，如果外部负债融资不能到位，这种负债的监督和约束功能将无从发挥，从而影响企业治理效率。

（二）能够降低企业的自由现金流，提高资金使用效率

企业可以自由支配的现金，便是企业的自由现金流。如果自由现金流丰富，则企业可以偿还债务，回购股票，增加股息支付。当企业产生大量的自由现金流时，经理从自身价值最大化出发，倾向于不分红或少分红，将自由现金流留在企业内使用，经理可以自由支配这些资金用于私人利益，或是进行过度投资，降低了资金的使用效率，由此产生代理成本。首先，由于对股东的支付会减少经理控制下的资源，因而减少了经理的权利，甚至在企业必须获取资金时，又会受到资本市场的监督，因此经理人倾向于不分红或少分红；其次，当企业内部留有大量自由现金流时，经理可以将自由现金流用于私人利益，这直接增加了经理的效用；最后，企业经营者有将企业扩张到超过最优规模的动机，因为经营者的权利因他们所控制资源的增加而增大，而且与销售增加正相关的经营者的报酬也会相应增加，导致企业进行过度投资。

对于股东来说，其利益在于企业价值最大化和投资回报问题，规模大并不代表效益高。因此，如何让经营者支出现金而不是投资回报小于资本成本的项目或者浪费在组织的低效率上，这是企业治理的一项重要任务。原本企业可以通过股票回购或发放股利的形式将现金支付给股东，从而降低自由现金流量的代理成本。但是，由于使用未来现金流的控制权留给了经理，经理从自身效应最大化出发，难以保证上述行为的必然实施。也就是说，发放股利或股票回购对经营者的约束是软性的。与此相反，企业向债权人按期还本

付息是由法律和合同规定了的硬约束，企业经营者必须在债务到期时，以一定的现金偿还债务本息，否则面临的将是诉讼与破产。负债融资对经营者的这种威胁，促使经理有效地担负支付未来现金流的承诺。因此，因负债而导致还本付息所产生的现金流出可以是红利分配的一个有效替代物，从而更好地降低自由现金流量的代理成本，提高资金使用效率。

（三）能够激励经营者努力工作

企业经营者的财富会受到企业运转情况的影响，因而对其来说，更倾向于不冒风险。而对于企业所有者来说，就企业所有者而言，他们更关注股市的系统性风险对企业股价的影响，因为对于一个分散化投资者来讲，这种分散化的投资组合策略已大大降低了行业或单个企业所特有的非系统性风险。相反，经营者却无法有效地分散风险。对于他们来说，其拥有财富的大部分都同其所在企业的绩效有关。他们的工资收入、股票期权及人力资本的价值在很大程度上依赖于企业的正常运转。而当企业出现问题时，经营者的财富很难在企业内转移。从这一点上讲，他们所遭遇的风险更像是一个债权人的风险而非股东的风险。增加上市企业的负债资本比率，提高了流动性风险和发生财务危机的可能性，提高了经营者不当决策的成本，即债务可作为一种担保机制。

四、企业债务融资的分类

企业在进行债务融资时，以其所筹集资金的使用期限为依据，有短期负债融资和长期负债融资之分。其中，短期负债融资指的是资金使用期限不超过一年的债务融资，具有融资速度快、融资弹性大、融资成本较低、融资风险高等特点；长期负债融资指的是资金使用期限在一年以上的债务融资，具有融资速度慢、融资弹性小、融资成本较高、融资风险较低等特点。

企业在进行债务融资时，以其筹集资金的方式为依据，有银行贷款融资和租赁融资之分。

五、企业债务资金的财务管理原则

第一，诚实守信原则。企业应严格履行借款合同，根据不同还款方式的要求及时偿还借款本息，切实维护信誉。

第二，经济效益原则。筹集债务资金应当具有效益良好的用途，确保产生的现金流入能够还本付息。企业财务部门对筹集的债务资金要跟踪问效。例如，对债务资金用于项目建设的，企业要监督项目进展情况，适时跟踪反馈。

第三，规范核算原则。企业要按照会计制度等规定规范核算，不得将筹集的债务资金用于账外循环，需要资本化的利息要计入固定资产成本，不能够资本化的利息要计入财务费用。

第四，安全使用原则。企业要合理安排和使用长短期债务资金，防止出现债务风险；要严格管理和控制资金流向，防止挪用、串用；要特别防止上市公司大股东挤占、挪用上市公司贷款，形成新的大股东占用。

第二节　商业银行贷款融资

企业在进行债务融资时，商业银行贷款融资是经常会用到的一种形式。在这种融资形式中，商业银行在多种情况下可以作为债权人参与企业治理，而且有能力对企业进行干涉和对债权资产进行保护。此外，商业银行贷款融资以贷款期间为标准，有中长期贷款融资和短期贷款融资。

一、商业银行中长期贷款融资

商业银行中长期贷款融资，指的是商业银行以一年以上为贷款期限所发放的资金。对于这一类融资方式，国内商业银行和国际商业银行的操作是有一定差异的。

（一）国内商业银行中长期借贷融资

1. 国内商业银行中长期借贷融资的条件

国内商业银行中长期借贷融资的条件主要有以下几个。

第一，独立核算、自负盈亏、有法人资格。

第二，经营方向和业务范围符合国家产业政策，借款用途属于应该贷款办法规定的范围。

第三，申请项目贷款要符合国家产业政策、信贷政策和商业银行的贷款投向；要有项目立项文件；能够提供合法有效的担保。担保单位具有相应的经济实力。

第四，具有偿还贷款的能力，资产负债率符合商业银行的要求。

第五，财务管理和经济核算制度健全，资金使用效益及企业经济效益良好。

第六，恪守信用，有按期还本付息的能力，并在商业银行开立基本账户或一般存款账户。

第七，有限责任公司和股份有限公司对外股本权益性投资不超过净资产的50%（防止空壳）。

第八，企业法人所有者权益与所需总投资的比例不低于国家规定的投资项目的资本金比例。

2. 国内商业银行中长期借贷融资的一般性保护条款

国内商业银行在进行中长期借贷融资时，通常会对企业提出一定的要求，以保护自身的利益。此外，国内商业银行进行中长期借贷融资的保护性条款有条例性保护条款、一般性保护条款和特殊性保护条款之分。

（1）国内商业银行中长期借贷融资条例性保护条款

第一，企业必须持有一定的现金及流动资产，并规定一个最低的流动比率。

第二，限制企业的资本支出规模和固定资产的清理。

第三，限制企业的现金股利支出、工资支出和股票回购。

第三章
企业债务融资

第四，限制企业负债的增加，除非经银行同意，借款企业不得再借入长期借款。

第五，要求借款专款专用。

第六，要求在借款期限内不得更换主要领导人。

（2）国内商业银行中长期借贷融资一般性保护条款

第一，企业要保持正常的生产经营能力等。

第二，企业要定期向银行提供财务报表。

第三，企业要如期缴纳税金和清偿其他债务。

（3）国内商业银行中长期借贷融资特殊性保护条款

国内商业银行中长期借贷融资特殊性保护条款又称违约惩罚条款，是在借款合同中规定，企业如果违反标准条款或限制性条款，金融机构将按条款对企业进行惩罚，如拒绝进一步合作，将不提供新的贷款或提前收回贷款。

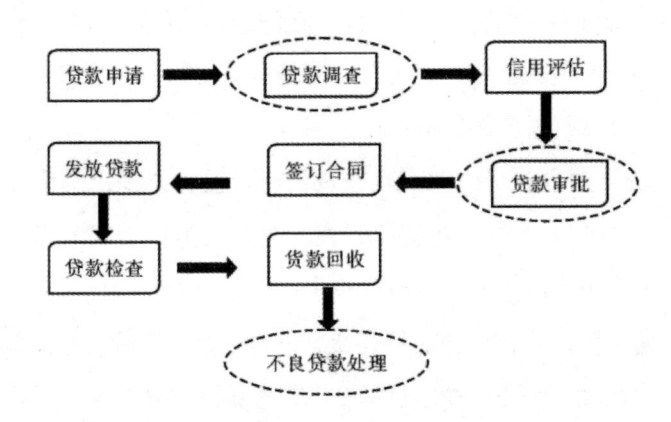

3. 国内商业银行中长期借贷融资的流程

关于国内商业银行中长期借贷融资的流程，可参考图3-1。

图3-1 国内商业银行中长期借贷融资的流程示意图

第一，建立信贷关系。银行与客户建立信贷关系一般遵循四个步骤：一是客户申请建立信贷关系，客户首次向贷款行申请贷款或借款人变更法人主体时，应首先向贷款行申请建立信贷关系或重新建立信贷关系，并填写

《建立信贷关系申请书》，向银行提供相关资料。二是银行受理审查和审批，银行接到客户提交的《建立信贷关系申请书》及有关资料后，安排双人对客户提供的资料进行核实，对照贷款的条件，判别其是否具备建立信贷关系的条件。三是银行评估企业的信用等级。按《贷款通则》要求和现行制度规定，对企业评定信用等级，并按信用等级掌握贷款。四是建立信贷关系。经审查同意建立信贷关系的，由贷款调查部门与客户签订《建立信贷关系协议书》。签字生效后由调查部门将有关材料存档备查；如不同意建立信贷关系，应说明理由，由贷款调查部门负责向客户退回有关资料。

第二，贷款申请。银行接到借款人贷款申请后，首先要查验贷款申请是否符合申请贷款的基本条件和要求；是否已建立信贷关系；是否按银行要求提供相关的资料。然后查验借款人的信用等级。对于基本符合银行贷款条件和信用等级要求的贷款申请，进入贷款调查程序。对于不符合银行贷款条件或信用等级要求的贷款申请，不予贷款，并通知借款人。客户申请贷款时应提供的资料有：填写并提交《借款申请书》；客户上一年度经工商行政管理部门办理年检手续证明文件的复印件；客户上一年度和最近一期的财务报表及生产经营、物资材料供应、产品销售等有关统计资料；客户在银行开立基本账户情况和原有借款还本付息情况；购销合同复印件或反映资金需求的有关凭证资料；贷款行需要的其他资料。

第三，贷前调查。贷前调查就是贷款行接受客户提出的借款申请和有关资料后，应由调查人员进行贷款调查，对首次申请贷款的客户应进行双人调查。一般来说，调查的内容有客户生产经营是否符合国家和本地区的经济政策、产业政策；分析行业前景、产品销路以及竞争能力；借款用途是否真实、正常、合规、合法，如银行承兑汇票申请人必须有真实的商品交易合同；借款人的偿债能力；分析客户的主要财务指标变动情况及其真实性；调查和核实客户提供的抵押物、质押物或保证人情况；调查客户的销售收入回行情况；测定贷款的风险度。

第四，贷款审查和签批。在贷款调查完毕且确定没有问题后，就可以进行贷款审查与签批了,这是贷款发放前的一个重要步骤。

第五,贷款发放。贷款发放是贷款决策的执行阶段,所有贷款在发放之前,必须与借款人签订借款合同,保证贷款必须与保证人签订保证合同,抵押、质押贷款必须与抵押人、出质人签订抵(质)押合同,并依法办理抵押、质押登记。通过合同把借贷双方及担保方的责任、义务、权利以条文的形式固定下来并成为法律依据,这是贷款程序中的一个重要环节。只有在完成上述有关法律文书之后,才能发放贷款。

第六,贷款检查。贷款检查是保障贷款安全回收的一种必要手段。通过贷款检查,可以发现贷款在运行中存在的问题,并提出防范贷款风险、保全信贷资产的措施和建议。

第七,贷款的回收。在贷款到期后,商业银行需要收回本金与利息。此时,商业银行若发现不良贷款行为,要及时进行处理,以减少自身的损失。

(二)国际商业银行中长期借贷融资

国际商业银行中长期贷款是指一国独家商业银行或一国(多国)多家商业银行组成的贷款银团,按市场的价格水平,向另一国银行、政府或企业等借款人提供的不限定用途的、期限在一年以上(多为2~10年之间)的贷款。一般来说,政府、企业、其他银行等是国际商业银行中长期贷款的主要借款人。

1. 国际商业银行中长期贷款的特点

国际商业银行中长期贷款的特点主要有以下几个。

第一,国际商业银行中长期贷款的用途由借款人自己决定,贷款银行一般不加以限制,不附加任何条件。

第二,国际商业银行中长期贷款的资金供应较为充足,借款人筹资比较容易。

第三,国际商业银行中长期贷款的条件由市场决定,借款人的筹资负担相对较重。

2. 国际商业银行中长期贷款的基本要素

国际商业银行中长期贷款所涉及的要素最基本的有以下几个。

（1）国际商业银行中长期贷款的法律要素

国际商业银行中长期贷款的法律要素主要有以下几个。

第一，陈述与保证条款。借款人应对其承担借款义务时的法律地位、财务状况和商务状况向债权人说明，并保证真实性。

第二，贷款协议生效的前提条件条款。在贷款协议中，必须写明其生效的前提条件。

第三，有关约定事项的条款。借款人向贷款人承诺应做的事情、保证做的事情和不应该做的事情。

第四，有关违约事件的条款。列明借款人可能发生的违约行为，一旦行为发生，贷款银行有权采取相应的补救措施。

（2）国际商业银行中长期贷款的组织要素

国际商业银行中长期贷款的组织要素主要有以下几个。

第一，借款人。根据国际惯例，国际银团贷款中的借款人必须是法人，借款人可以是公法人（如政府机构），也可以是私法人（如公司等企业），但不能是自然人。

第二，贷款人。贷款人应是可以经营存贷款业务的银行。传统的双边银行贷款中，一般都是实力较强、具有从事国际贷款能力的大型银行。银团贷款中，是由数家、甚至数十家贷款银行组成的牵头行（可以是一个也可以是多个）、参加行和代理行。

第三，担保人。通过担保人担保是债务人对其债务进行担保的方法之一。担保人是指以自己的资信向债权人保证对债务人履行债务承担连带责任的法人。担保人可以是私法人，也可以是公法人。当借款人发生不能按期支付贷款本息等违约行为时，担保人有义务代替借款人按合同履行合同规定的义务。

第三章
企业债务融资

（3）国际商业银行中长期贷款的信贷条件要素

国际商业银行中长期贷款的信贷条件要素主要有以下几个。

第一，利息及费用负担。利息是以贷款的本金为基础，根据特定的利率水平（固定或浮动）和相应的期限计算出的、由借款人支付给贷款人的一项最基本的费用。利息有固定与不固定之分，还可以有附加利息。所谓附加利息，就是贷款银行根据利率之外的附加利率而向借款人额外征收的利息（通常依期限、借款人资信状况而定）。关于费用，主要有管理费、代理费和律师费、通信费、交通费等杂费。

第二，承担期与承担费。承担期是指从协议生效日或生效日后的某一日期起到若干月后为止的一段期间。该期间对借款人有两个作用：确定了借款人的最长提款期限；确定借款人应负承担费多少的因素之一。贷款协议生效日和借款人实际用款日期不可能统一。在规定的承担期内，借款人尚未提完的款项自动注销。由于在承担期内贷款行必须准备好一定的头寸以备借款人提款，贷款行向借款人应该提用而未提用的贷款余额收取承担费，以作为其占用头寸的补偿。关于承担费，若借款人能够在不收承担费的承担期内提用全部款项，则不需要支付承担费。否则在收取承担费的期限内，借款人需要对其应该提用而未提用的数额支付承担费。

第三，贷款的金额与贷款货币的选择。贷款金额就是借款人根据借款需要，与贷款人在贷款协议中约定的金额。贷款金额是通过货币表现的。传统的国际金融市场上，贷款的货币必然与贷款人所在国的货币相同。欧洲货币市场上，借款人拥有了可在几种主要欧洲货币之间进行选择的可能性，同时也给借款人的财务安排带来了新的挑战。

第四，贷款的本息偿还方法及贷款期限。关于贷款利息的支付方法，在中长期贷款中，一般为每半年支付一次贷款利息。贷款本金的偿还方法，可以到期一次还本，也可以按期分次等额偿还。关于贷款期限，名义期限就是贷款合同所规定的期限，实际期限就是借款人实际占用全部贷款数额的期限。

第五，贷款的提前偿还。这是指借款人在约定的还款期限之前将未付清的贷款本金余额一次性支付给贷款银行，并就此中止贷款合约。

第六，贷款的担保。由借款人向贷款人提供，以保障贷款人债权安全。担保有物的担保和人的担保两种。

3. 国际商业银行中长期贷款的形式

国际商业银行中长期贷款依据不同的标准，可以分为不同的类型。

（1）以贷款的银行数量为依据进行分类

以贷款的银行数量为依据，可以将国际商业银行中长期贷款细分为以下两种形式。

第一，独家银行贷款，即在一笔贷款交易中，由一国的一家贷款银行向另一国的政府、银行或公司企业等借款人提供的贷款。

第二，银团贷款，即在一笔贷款交易中，由本国或其他几国的数家、甚至数十家银行组成贷款银团，共同向另一国的政府、银行或企业等借款人提供的长期巨额贷款。一般来说，银团贷款又可以细分为两种情况：一种是辛迪加贷款，即在一笔贷款交易中，由一家银行牵头，并与本国或其他几国的数家、甚至数十家银行，按照严格的法律程序组成贷款银团进行贷款；另一种是联合贷款，即在一笔贷款交易中有两家以上的银行，或银行与国际金融机构联合共同提供贷款，贷款人之间并未形成一种严谨的法律关系。

（2）以贷款的利率是否固定为依据进行分类

以贷款的利率是否固定为依据，可以将国际商业银行中长期贷款细分为以下两种形式。

第一，固定利率贷款，即在贷款协议签订时所确定的利率水平适用于整个贷款期限。借款人的筹资成本在贷款协议签订时就已经固定。

第二，浮动利率贷款，即在整个贷款期限内贷款利率根据预先预定的浮动周期（即利息期）和每期实际适用利率的计算方法而不断调整。浮动周期可为1~12个月，计息期可以是均等的，也可以是不均等的。每期实际适用利率通常采用基础利率（国际金融市场上各国际金融中心的银行同业拆放利率）加附加利率（依期限、借款人资信状况而定）。

（3）以贷款协议生效后借款人取得贷款资金的时间、方式以及贷款协议到期后是否重新执行该贷款协议进行分类

以贷款协议生效后借款人取得贷款资金的时间、方式以及贷款协议到期后是否重新执行该贷款协议为依据，可以将国际商业银行中长期贷款细分为以下三种形式。

第一，定期贷款。这是国际商贷中最传统的贷款安排形式，是指在贷款协议签订时，贷款银行就对借款人贷款资金的总额、贷款资金的提取和贷款本息的偿还确定了一个固定的时间表，借款人需在贷款协议生效后的若干个工作日内完成贷款资金的提取，超过该期限后则安自动注销处理。因此贷款人对借款人的实际贷款数额不可能超过贷款协议所约定的数额，有时还可能小于贷款协议所约定的数额，实际数额取决于借款人的提款情况。

第二，循环信贷。这是指在贷款协议签订时，贷款银行在约定贷款期限内为借款人提供了一个最大的信用限额，只要是在该信用限额规定的幅度内，借款人可根据需要自行决定是否使用这一额度以及实际使用这一额度的频率。借款人可在信用限额幅度内不断提取并偿还贷款，因此其实际使用的银行贷款总额也有可能超过这一额度。

第三，可展期信贷。这是指贷款银行在与借款人初次签订贷款协议时双方约定，在该贷款协议到期后，贷款银行除了必须按照市场变化而进行信贷条件的调整（如对贷款利率进行调整），不再与借款人就其他信贷条件进行谈判，贷款银行也无须再对其进行资信审查，就可以重新与借款人执行该贷款协议。

二、商业银行短期贷款融资

商业银行短期贷款融资，指的是商业银行以一年以内为贷款期限所发放的资金。这一贷款融资方式以是否有抵押，又可以分为商业银行有抵押短期借贷融资和商业银行无抵押短期借贷融资。

（一）商业银行有抵押短期借贷融资

商业银行有抵押短期借贷融资主要有以下几种形式。

第一，打包放款融资。打包放款融资是银行的传统外汇业务，是对出口商的短期融资行为。在它的最初阶段，是指当出口商接到国外开来的信用证时，因货物包装的资金出现困难时，就以在包装装运中的货物作为抵押向银行申请的贷款。现在是指以国外开来的信用证作为抵押对出口商发放的贷款，其用途也不再局限于货物包装，而是包括货物采购、加工和包装等资金需求。

第二，存货融资。企业以存货作为抵押品从银行融通短期资金。在这种贷款形式下，银行要视存货市场价值的一定比例来确定贷款的数量。这一比例的大小，因存货的性质而不同，有的高达90%，有的则很低，还有的则根本不适于做担保品。

第三，出口押汇融资。其又叫买单或买票。它和打包放款融资一样，是出口商在接到买方银行开来的信用证之后为了早日收回资金而与银行开展的借贷融资活动，是出口方银行对出口商有追索权地购买货权单据的融资行为，是银行在出口商发货后对其提供的短期融资。其与打包放款融资的区别在于，打包放款融资是发生在出口商出运货物之前，而出口押汇融资发生在出口商出运货物之后。

第四，进口押汇融资。进口押汇融资是信用证开证行在收到出口商或其他银行寄来的单据后先行付款，待进口商得到单据，凭单据提货、销售货物后再收回垫付货款的一种融资方式。它是信用证开证行对开证申请人（即进口商）的一种短期资金融通。

第五，票据贴现融资。指持票人在票据未到期前为取得款项，持未到期的承兑汇票，向银行提出申请，并经银行审查同意后，以指定票据的所有权转让为前提发放的一种贷款。贴现对持票人来说，是出让票据，提前收回垫支于商业信用的资本；对银行来说，是买进票据所载权利，票据到期，银行即可以取得票据所载的金额。票据贴现从形式上是一种票据的买卖，但实质上是一种信用活动。

（二）商业银行无抵押短期借贷融资

商业银行无抵押短期借贷融资主要有以下几种形式。

第一，临时贷款。临时贷款是指银行为解决企业由于季节性、临时性原因引起的超过合理储备资金需要而发放的贷款。临时贷款是短期调剂性的贷款，企业需要临时贷款时，必须提前3～5日向银行提出申请，以便银行调度、筹措资金。银行对企业申请的临时贷款通过审查原因、用途，实行逐笔核贷、逐笔确定期限，到期收回。临时贷款一般属于季内贷款，最长不超过半年。

第二，周转贷款。周转贷款是指银行向企业发放的经常占用流动贷款。周转贷款的额度由企业根据资金流动计划，计算出来后向银行提出申请。银行审核后，一次贷给企业，期限一年。周转贷款的额度一般每年核定一次，期间不做调整。对于季节性变化较大的企业，年中可以适当调整，适时发放贷款。

第三，透支。透支是银行向客户提供的一种短期信贷。银行允许其往来存款户在约定额度内超过其存款余额签发支票并予以兑付。存户对透支应支付利息，并须随时偿还。透支时提供抵押品的，称为"往来抵押透支"；无抵押品的，称为"往来透支"。

第三节　企业债券融资

债券是经济主体为融资而发行的，用以记载和反映债权债务关系的有价证券。对于我国企业来说，发行债券进行融资也是一种重要的融资方式。

一、企业债券融资的含义

企业债券是企业按照法定程序发行的、约定在一定期限内还本付息的债务凭证。企业债券融资，就是债券持有人通过发行债券进行融资。企业债券融资是企业债务融资的一种重要形式。

二、企业债券融资的特点

企业债券融资的特点具体来说有以下几个。

第一，收益性。债券的本质是一种借贷凭证，代表着债券持有人和发行人之间的债权债务关系，因此，对于债券投资人而言，持有债券的目的就是为了取得收益。债券的收益性表现为两个方面：一是债券投资者能够得到定期的利息收入；二是债券投资者可以在二级市场上通过买卖债券而获得差价。一般而言，投资债券的收益高于银行存款的利息收益。

第二，安全性。债券利息事先确定，即债券具有确定的预期收益；债券的发行需要经过政府的严格审查，发行门槛比较高，这就保证了债券发行后须有较高的信誉度；三是债券一般都具有明确的时间限定，到期必须还本付息；二级市场可以自由买卖未到期的债券，较高的流动性保证了债券较高的安全性。

第三，偿还性。任何债券的发行都有明确的偿还日期，发行人必须按照约定条件按期还本付息。债券的偿还性使得资金的筹措者必须在约定时间内使用资金并努力获取盈利，以获取还付本息的能力。

第四，流动性。经济学中所谓的流动性，是指有价证券的变现能力及其面值不遭受损失的能力。一般而言，债券都可以自由流通和转让。

三、企业债券融资的优缺点

（一）企业债券融资的优点

企业债券融资的优点主要有以下几个。

第一，企业债券由于是企业自身的活动，没有其他中间环节，因而企业债券融资的利息成本要比银行贷款低。

第二，企业债券融资一般是长期的，可以根据投资项目的回收期来确定，而且具有相当的稳定性。此外，债券持有人不能要求提早偿还。

第三，企业债券融资中所发行的债券品种众多，能够满足企业不同时段的资金需求。

第四，企业债券融资的对象十分广泛，既包括银行或非银行金融机构，也包括其他法人单位、个人。因此，相对于其他方式，债券筹资比较容易，并可筹集较大金额的资金。

第五，企业债券融资能够保障股东控制权。债券持有人并非公司股东，无权参与公司经营管理，只能从公司获取固定利息。因此，发行债券不会影响股东对公司的控制权。

（二）企业债券融资的缺点

企业债券融资的缺点主要有以下几个。

第一，企业债券融资的数额是有限的。对于企业来说，当自身的负债比率在合理范围内时，债券融资的成本会比较合理。若是自身的负债比率超过了合理范围，则会导致债券融资的成本大大增加，风险增大。

第二，企业债券融资有较多的限制条件，不够灵活。相比其他的传统融资方式来说，企业债券融资有更多的限制条件，而且这些限制条件会对企业的投资收益以及融资能力等产生重要的影响。

第三，企业债券融资的风险比较高。企业债券融资除了要支付固定的利息，还要在到期日偿还全部本金，这大大增加了企业的财务压力。企业若是经营不佳，很可能会背上沉重的负担，甚至可能破产。

四、企业债券融资的条件

我国对债券融资是有一定条件要求的，即并不是所有的企业都可以进行债券融资。具体来看，企业发行债券进行融资必须满足以下几个条件。

第一，股份有限公司净资产不低于人民币3000万元，有限责任公司和其他类型企业的净资产不低于人民币6000万元。

第二，累计发行在外的债券总额不超过发行人净资产额的40%。

第三，最近三年持续盈利，且三年平均可分配利润（净利润）足以支付债券一年的利息。

第四，债券利率由企业根据市场情况确定，但不得超过国务院限定水平。

第五，已发行企业债券或者其他债券未处于违约或者延迟支付本息的状态。

第六，三年以内没有重大违法违规行为。

第七，项目符合国家产业政策及发行审批机关批准的用途。

第八，其他条件。

五、企业债券融资的流程

关于企业债券融资的流程，可参考图3-2。

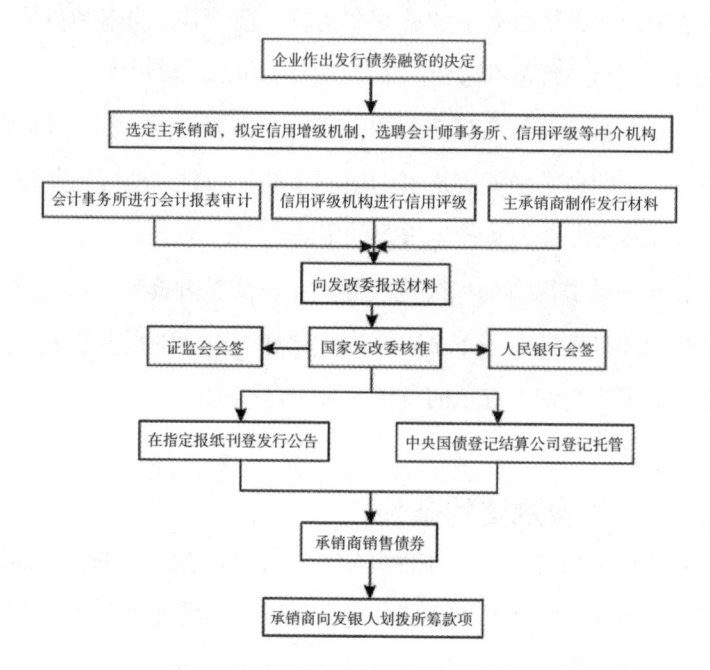

```
企业作出发行债券融资的决定
          ↓
选定主承销商，拟定信用增级机制，选聘会计师事务所、信用评级等中介机构
          ↓
会计事务所进行会计报表审计  信用评级机构进行信用评级  主承销商制作发行材料
          ↓
       向发改委报送材料
          ↓
证监会会签 ← 国家发改委核准 → 人民银行会签
          ↓
在指定报纸刊登发行公告  中央国债登记结算公司登记托管
          ↓
       承销商销售债券
          ↓
    承销商向发银人划拨所筹款项
```

图3-2　企业债券融资的流程示意图

六、企业债券融资的策略

企业在进行债券融资时，要想获得理想的效果，可以采取以下几个有效的策略。

第一，要取得债券发行资格。企业要想发行债券，首先要取得发行资格。不具备债券发行资格的企业所发行的债券，即使进入市场，也不会被人所购买。

第二，要确保债券发行数量恰当。发行债券要达到融资的目的，就必须对发行的数量做出适合的计划。在这一过程中，企业需要充分考虑自身的资信状况、资金需求程度以及市场资金供给情况、债券自身的吸引力等。

第三，要选择合适的债券品种。债券的品种要根据企业自身的偿还能力和融资收益水平的高低，以及发行的债券对投资者的吸引力大小等因素综合考虑选择。

第四，要确定合理的债券期限。债券的期限分为长、中、短三种，在确定债券期限时，需要充分考虑企业资金需求期限、投资项目性质、债券交易难易程度、购买者心理状态以及证券市场利率预期等因素。

第五，要选择适当的发行方式。适当的发行方式可以使企业债券更顺利地进行销售，尽早实现企业的融资目的。企业债券的发行方式主要有公募发行和私募发行两种方式。以不特定的多数投资者作为募集对象而发行的债券称为公募发行。其因向众多投资者发行债券，故能筹集较多的资金；提高发行者的知名度，扩大社会影响；债券的利率较低；可公开上市交易，有比较好的流动性。不过，公募发行的发行费用较高，所需发行时间较长。以特定的少数投资者为募集对象而发行的债券称为私募发行。这里所说"特定的"投资者，一般可分为两类：一是个人投资者，如企业职工；二是机构投资者，如大的金融机构。私募发行可以节约发行费用，而且发行时间短、限制性条件少。不过，私募发行的利率比较高，而且一般不能公开上市，缺乏流动性。由于债权人相对集中，私募发行发行者的经营管理容易受到债权人干预。企业可根据自身的实际情况进行选择。

第六，要选择恰当的发行时机。恰当的发行时机可以帮助企业有效规避风险，而在选择发行时机时要充分考虑企业负债水平、融资预期收益和国家宏观经济环境等因素。

第四节　租赁融资

在企业债务融资中，租赁融资也是一种重要的融资方式。本节将对租赁融资的相关内容进行详细分析。

一、租赁融资的含义

租赁是财产所有人（出租人）将其财产定期出租给需要这些财产的人（承租人）使用，并由后者向前者按期支付一定数额的租金作为报酬的行为。通过租赁，出租人和承租人之间形成了一种债权、债务关系。租赁是资金不足而又急需某种设备的公司筹集资金的一种特殊方式，是一条有效的融资渠道。

所谓租赁融资，就是财产出租人与财产承租人签订租赁合同，先由金融租赁公司依据企业需要采购企业所指定的大型机械设备，然后将该设备在双方规定的期限内出租给企业使用，企业作为承租方按期交纳租金，取得设备的使用权，设备的所有权仍属出租方。

二、租赁融资的优缺点

（一）租赁融资的优点

租赁融资的优点主要有以下几个。

第一，租赁融资的融资速度比较快。租赁往往比借款购置设备更迅速、更灵活。这是因为，租赁是融资与设备购置同时进行，可以缩短设备的购进、安装时间，使企业尽快形成生产能力，有利于企业尽快占领市场，打开销路。

第二，租赁融资可以使企业掌握更方便灵活的主动权，可避免因向银行借贷不得不承担的各种附加条件和限制性条款，为企业留有更大的发展空间和运营弹性。

第三，租赁融资有利于改善企业的财务结构，增强企业的借贷能力。因为设备是临时租用，并不增加企业的负债，可使企业资本结构更趋合理，降低企业资产负债率，即增强了企业的借款能力。

第四，租赁融资可以改善企业财务中的速动指标、现金流量表等数据。企业在得到设备时，无须一次性支付大量资金，可将资金用于更需要的方面。

第五，租赁融资的风险比较小。租赁融资的期限一般为资产使用年限的一定比例，不会像自己购买设备那样整个期间都要承担风险，且多数租赁协议规定由出租人承担设备陈旧过时的风险。此外，租金在整个租期内分摊，不用到期归还大量本金，这也大大减少了偿付的风险。还有一点，租赁融资避免了设备因技术的更新换代而产生的无形折旧损失。

（二）租赁融资的缺点

租赁融资的缺点主要有以下几个。

第一，租赁融资的资金成本较高。企业设备租用费相对较高，如长时间租用，则总支付的租金可能会超过设备购置成本。较高的租金支付，会给企业带来财务负担，尤其是租用设备未能产生预期效果时，设备一旦因保管不善或使用不当遭到损坏，企业将要负赔偿责任。

第二，企业在使用过程中，即使发现设备的不合理处，也无权擅自对租赁设备进行技术改造或增减附加设备。

第三，租赁合同是不可撤销合同，因此，企业作为承租方，不可因市场利率降低而在租期内提前归还租金并终止合同。当然出租方也不能因市场利率提高或设备涨价而提高租金，企业也不能因自己有了新型设备而中途撤销合同退还设备。

三、租赁融资的类型

一般来说，可以将租赁融资分为两种，即融资租赁和经营租赁。

（一）融资租赁

融资租赁是指出租人按照承租人的要求融资购买设备，并在契约或合同规定的较长期限内提供给承租人使用的一种信用性租赁业务。融资租赁的目的是融通资金，即以获取资产的使用价值为手段而达到融资的目的。融资租赁的租赁期限长，而且在租赁期内，出租方通常不提供维修和保养服务，同时出租双方一般不得提出解除租赁合同。在租赁期满后，承租方可以续签租赁合同，可以将租赁物退还给出租方，也可以作价将租赁物买下。

租赁融资有直接租赁、售后租回和杠杆租赁之分。其中，直接租赁是指承租人直接向出租人承租，并向出租人交付租金。直接出租人可以是制造商、租赁公司或金融公司等。售后租回是指承租人根据协议将其资产卖给出租人，然后又将其租回使用，并按期向出租人支付租金的一种租赁形式。杠杆租赁一般要涉及承租人、出租人和贷款人。从承租人的角度看，杠杆租赁与其他方式并无区别。但出租人只需拿出购买资产的部分资金作为自己的投资，其余部分资金是以该租赁资产为担保向贷款人借入。他既是出租人，又是借资人。这种租赁一般适用于价值特别大、租赁期长的资本密集型设备的融资需要。

（二）经营租赁

经营租赁是指出租人为承租人提供租赁设备，同时还承担租赁设备的维修和保养、原料配件供应和培训技术人员等项服务的一种租赁。经营租赁的目的主要不在于融通资金，而是在于提供或获取租赁资产的使用以及出租人的专门技术服务，通常是一种短期租赁。经营租赁的租期短，而且出租方要负责对租赁物的维修和保养。

经营租赁在解决企业短期资金不足方面有积极的意义。其一般是企业临时性的设备需求，如计算机、船只甚至火车飞机、大型运输汽车、工程建设设备、办公写字楼、机床、电讯设备等一般性常用设施。因企业使用时间不长，所以租金相对较高。使用期间，有关设备的保养、维修和保险等事项均由租赁公司负责，使用期届满，其设备仍归还出租公司，承租方花钱少，却能享受最新设备的使用，降低生产成本，不承担设备折旧、保管等风险。这种租赁也称为服务性租赁。中小企业甚至个人都可采用这种租赁形式。

四、租赁融资的流程

企业在进行租赁融资时，通常要经过七个环节，具体如图3-3所示。

```
选择租赁公司
    ↓
办理租赁委托
    ↓
签订租赁协议
    ↓
签订租赁合同
    ↓
办理验货与保险
    ↓
支付租金
    ↓
合同期满处理设备
```

图3-3　租赁融资的流程

第四章
企业融资的其他传统模式

企业在进行融资时,除了可以运用股权融资和债务融资的模式,还可以运用其他一些传统的融资模式,如内源融资、信托融资、典当融资、项目融资和政策性融资等。在本章中,将对这些多元化的传统融资模式进行详细分析。

第一节 内源融资

内源融资是企业生存与发展不可或缺的重要组成部分,也是很多企业首选的融资方式。

一、内源融资的含义

内源融资又称"内部融资",就是企业在生产活动中取得的收益不是用于当期的现金分红派息,而是留存于企业用于开展生产经营活动。内源融资取得的资金是企业产权所有者的自有资本,是企业承担民事责任和自主经营、自负盈亏的基础。

企业选用内源融资的方式时,不仅能够进一步挖掘企业内部资金的潜力,而且能有效提高企业内部资金的使用效率。

二、内源融资的优缺点

（一）内源融资的优点

内源融资的优点具体来说有以下几个。

第一，资金使用的自主性强。内源融资来源于企业的自有资金，不需要通过其他金融中介，因而企业在对其进行使用时具有很大的自主性，只要股东大会或董事会批准即可，外界对其制约和影响是十分有限的。

第二，融资的成本相对较低。内源融资来源于企业的自有资金，因而不需支付任何融资费用，也不需要支付利息或股利。如此一来，企业的现金流量并不会因内源融资而减少。这表明，内源融资的成本是相对较低的。

第三，能够保证企业原股东的控制权。内源融资不会使原有股东的每股收益和控制权被稀释，这就能够有效保证企业的控制权。也就是说，内源融资能够增加原股东的剩余索取权，使原股东享有更多的经济利益，而且原股东的控制权并不会被稀释。

第四，能够降低企业的财务风险。企业在进行内源融资时，不需要偿还利息，也不需要到期归还本金，这就在很大程度上降低了企业的财务风险。通常而言，企业内源融资取得的资金在资本结构中所占比例越大，企业的财务风险越小。

（二）内源融资的缺点

内源融资有很多的优点，但其缺点也是不可忽视的。具体来看，内源融资的缺点主要有以下几个。

第一，内源融资主要受企业自身状况的影响，其中又以企业积累和企业盈利能力对内源融资的影响最大。企业积累和企业盈利能力往往是有限的，这就制约了企业的融资规模，导致企业进行大规模融资。

第二，内源融资时，一些股东从自身的利益出发，可能会对分配股利的比例进行限制，要求股利支付比率保持在一定的水平上。这从某种角度来说，增加了企业内源融资的成本。

第三，企业在进行内源融资时，往往会支付很少的股利，这在很大程度上限制了股利偏好型的机构投资者，不利于企业投资吸引力的提升。此外，企业支付的股利少，很可能反映了企业当前面临紧张的现金局面、企业的盈利能力较差，而这些都会制约企业融资活动的顺利开展。

三、内源融资的方式

企业内源融资的方式是十分多样化的，其中常用的内源融资方式有以下几种。

（一）留存收益融资

留存收益融资是企业内源融资的主要方式之一。企业在发展过程中，通常会留存一定比例的收益。留存收益的具体方式为不对当期利润进行完全分配，只是将盈利的一部分进行分配或向股东发放股票股利而不发放现金股利，这样就不会减少企业的现金流量。留存收益融资可以进一步增强企业的实力，还可以增强企业外源融资的能力；可以通过减少企业的债务资本而降低财务风险；由于不需支付利息或股息，所以成本低。不过，这种内源融资方式受国家相关法律的限制比较多。

（二）自筹融资

企业在进行内源融资时，自筹融资是一个十分有效的融资方式。所谓自筹融资，就是企业通过动用个人存款，向亲戚、朋友借款等方式自筹资金。其中，个人存款主要是企业创业者自己积累的储蓄。在企业的创立和经营过程中，创业者完全可以利用企业分发在自己账户里的资金来投资，还可利用除此之外属于自己的一切有价资产取得现金再进行投资。向亲戚、朋友借款也是初创期企业进行内源融资的一种有效方式，而在使用这种内源融资方式时，为了避免融资纠纷的出现，往往会通过协议或合同的形式来限制双方的权利与职责。

（三）股利政策

企业对留存盈利与股利支付进行合理配置，使资金资源得到最优化使用的政策，便是股利政策。对于企业来说，适度的股利政策对于企业经营与

第四章
企业融资的其他传统模式

股权结构的稳定具有积极的意义，还能够促进企业价值的最大化，提高企业的内源融资能力。有一点需要注意的是，股利政策需要随着企业的发展而进行相应调整。对于初创期的企业来说，其已经有了明确的投资目标，寻找其他投资机会并非极为迫切，因而可适当减少利润留存比例，将大部分的利润用于分发红利。也就是说，初创期的企业比较适宜采取低股利加额外股利的高弹性股利政策。这样做既能够帮助企业树立良好的公众形象，也能够获得更多投资者的关注，为企业接下来的融资活动提供便利。对于成长期的企业来说，适宜采取剩余股利政策，即企业的税后利润在满足所有可行的投资项目之后，若有剩余则进行股利派发，若是没有剩余就可以不派发股利。成长期的企业由于经营得当，会形成较为强烈的规模扩张需求，而且可供选择的投资机会也有所增多。在这种情况下，企业若是能够获得充足的资本，则会发展迅速。因此，此阶段企业需要集中力量，竭力以最低成本获取足够多的资金，最有效的措施便是大量留存利润，利用自有资本来避免举债或多分股利。此外，企业在留存利润且在满足企业扩张规模所需的资金后仍有剩余，则可以利润留存形式进行再投资。这既能够促进企业资本结构的优化，也能够进一步提升企业的发展速度与发展规模等。对处于成熟期的企业来说，适宜采用稳定股利额政策。成熟期的企业已经积累了较为丰富的经营经验，在市场中的占有率也有了很大提高且能基本保持稳定，同时企业的获利能力也日趋稳定，这使得企业有能力维持比较稳定的股利发放额。此外，企业在这一时期往往会开发新产品或服务项目，以便能够获得新的利润增长点。这时企业就需要在满足股利政策需求的前提下，从利润中拨出一部分资金用于新产品或服务项目的研发。还有一点需要注意的是，采用稳定股利的政策要求企业对未来的支付能力作出较好的判断。一般来说，企业不能将稳定股利额定得太高，这对于避免企业在日后出现无力支付的困境具有积极的意义。

（四）内部集资

所谓内部集资，就是企业通过向其职工或管理者募集资金而满足生产发展需要。对于企业来说，由于缺少固定资产、信息不透明，银行往往不愿意贷款给企业，限制条件比较多。在这种情况下，内部集资就成为一种很重要的融资方式。组建股份合作制企业，是企业吸收内部职工资金的主要方式。这是一种全员入股的资合与人合相结合的企业组织形式，它一方面可以调动全体员工的生产经营积极性，另一方面则可以扩大企业的资金来源，将全体职工的闲散资金积聚起来，发挥规模效应。需要注意的一点是，企业只能将内部集资作为一种辅助的融资方式。

（五）变卖融资

企业在进行内源融资时，变卖融资也是一种可选用的融资方式。所谓变卖融资，就是企业清算变卖某一部门或是部分资产来获得所需要的资金。企业在选用这种内源融资方式时，应特别注意以下几个方面。

第一，变卖融资的速度快、适应性强，但如何选变卖对象是不容易的。一般来说，企业在变卖部分资产时必须考虑到资产的使用情况，即资产在暂时闲置或长期不用、资产盈利能力较低、资产账面价值远低于清算价值的前提下才能进行变卖。

第二，企业在变卖资产时，必须对所变卖资产的价格进行合理估算，即要合理确定变卖对象的价格。在这一过程中，还要考虑到所变卖资产在未来是否会产生较高的利润，以确保所确定的变卖价格不会过于便宜。

第三，企业在变卖资产时，必须要组建变卖资产小组，而且小组内的所有人员必须是有丰富经验的技术人员。除此之外，企业还需要制订资产变卖计划，明确与资产变卖相关的一切事宜。

第四，企业在变卖资产时，必须要对其可行性进行研究，以确保该行为不会影响到企业正常运转。

第五，企业在变卖资产时，选择恰当的资产变卖时机也是十分重要的。在这一过程中，需要对变卖资产与企业全局生产经营的关系进行合理把握，确保资产的变卖不会对企业全局生产经营产生不利影响。

第六，企业在变卖资产时，必须对买主进行严格的审查，确保其经营与本企业有关配套产品。在确定了买主后，企业还需与买主在谈判的基础上达成交易协议，完成资产出售。

（六）折旧融资

将折旧基金转化为积累基金，便是折旧融资。这是企业重置固定资产，增强当期内源融资的一种重要方式。企业可通过采用缩短折旧时间、加速折旧等方式进行固定资产和无形资产的折旧摊销，以增强企业内源融资能力。缩短折旧年限，是指企业通过提高厂房、机器设备等固定资产的折旧率而进行融资的一种形式。

企业在出现资金短缺的困境时，采用这种内源融资方式可以在很大程度上对其予以缓解。此外，企业采用这种内源融资方式可以降低应纳税利润额，增加企业的可用资金。需要注意的一点是，企业在采用这种内源融资方式时，必须确保在折旧期结束后能够按期将折旧资金收回，否则企业固定资产的更新以及技术的升级改造等难以完成。

四、内源融资的成本

企业内源融资的成本主要由以下两部分构成。

1. 资金筹集费

企业内源融资所涉及的资金筹集费主要包括以下几个部分。

第一，分红费用。企业在进行分红时需要相关人员执行此项操作，这便会产生一定的费用。此外，企业在进行分红时，某些情况下需要通过银行的工作人员来完成，这就需要向银行支付一定的费用。由于投资者本人也要在企业分红中付出一定的劳动，因而有时也需要向投资者本人支付一定的费用。在企业分红过程中，还可能会产生办公用品和交通费等相关费用，这也属于企业内源融资的成本。

第二，红利所得税。企业在进行分红时，需要扣除一定的红利所得税。这也是企业内源融资成本的构成之一。

第三，新投资需要费用。在用分红后的资金进行再投资时，获取的收益仍然要交一定的税费，这也会产生一些内源融资成本。

2. 资金占用费

内源融资的资金占用费即指内源融资的股息、红利成本。以内源融资方式融资，相当于股东自己追加投资，赚了钱以后属于股东自己所有，赚得多说明收益高。但内源融资方式融资，其利息或股息成本并不为零。这种方式下的利息成本，是一种机会成本：如果不将收益留存于企业，而是以红利的方式分配给股东，让股东将其投入别的地方去，股东则可以获得一些投资收益。现在没有进行分红，而是将收益留存于企业，股东的这部分收益就失去了，这部分失去的收益就是股东付出的代价。

第二节 信托融资

委托人在对受托人高度信任的情况下，将自己的财产权委托给受托人，让其按照自己的意愿进行管理或处分的行为，便是信托。在信托的基础上，产生了信托融资这种融资方式。

一、信托融资的含义

企业或特定金融机构以发行信托的方式为指定项目进行的融资，便是信托融资。在我国，企业进行信托融资时，必须要通过信托公司等金融中介来完成。也就是说，信托融资是通过专业理财机构作为信用中介进行的，资金供需双方就是借助这个信用中介提供的信托机制进行资金余缺调剂的。这种融通资金形式上有间接性的一面，但是，作为信用中介的受托人在整个信托过程中仅仅处于金融服务层面上，提供的是金融手段，并非真正的融资主体，融资过程中的任何风险和收益仍归属于资金供给方，即投资者，这就在一定程度上突破了传统银行存贷融资的局限。

信托融资会涉及三方面的主体，即信托项目发起人、信托机构和信托计划购买者。信托项目发起人因资金短缺，依托信托机构搭建融资平台，即信托机构根据具体项目设立信托计划（也叫信托产品）向社会筹集资金，筹集到的资金通过信托机构投入到项目中去。在这一过程中，信托计划的购买者就是项目投资人与委托人，信托机构是投资者的代理人与受托人，即信托机构帮助信托计划的购买者将信托财产投资到信托项目中，以获得一定的收益。

二、信托融资的优缺点

（一）信托融资的优点

信托融资的优点具体来说有以下几个。

第一，信托融资的操作是比较简单的，信托投资公司设立资金信托计划无须审批，只需报主管部门备案，因而从正式启动到发行结束不会超过两个月，这有助于企业快速地筹集资金。

第二，信托融资对于融资者的限制是比较少的，因而融资者能够获得信托公司的认可即可。这表明，信托融资的融资者不需要承担较大的负担。

第三，信托融资的成本相比债券融资和股票融资来说要低很多。

第四，信托融资的风险相对较小，而且能够获得的投资回报率是比较高的。

第五，信托融资中的信托公司能够对资本市场、货币市场和实业领域的资源进行有效整合，从而在更多的领域进行投资，这是其他金融机构很难做到的。

（二）信托融资的缺点

信托融资的缺点具体来说有以下几个。

第一，信托融资所筹集到的资金规模是相对有限的。

第二，信托融资的成本相比银行融资成本来说会比其略高。

第三，信托融资的期限相比银行融资来说相对较短。

第四，信托融资存在一定的风险，如资金投向风险、偿还风险等。

三、信托融资的模式

企业信托融资的模式主要有以下几种。

第一，信托产品融资，即通过信托产品来进行融资。这种信托融资方式是以企业未来的收益权作为融资保障的。

第二，股权投资信托，即信托机构（受托人）按委托人的意愿以自己的名义使用信托资金对企业以股权方式进行投入，使企业拟建设项目顺利进行。在运用这种信托融资模式时，所投资的企业股权会登记在受托人的名下。此时，受托人会成为企业的股东，可以行使股东的权利，如参与企业管理等。在股权信托到期后，受托人可以通过转让主权来获得收益。此后，受托人在收取手续费并代缴有关税收后向委托人返还信托资金及收益。企业在选择这种信托融资模式时，需要确保所选择的信托公司本身具有较高的投资管理水平，以便对投资风险进行有效控制。

第三，贷款信托，即信托机构（受托人）通过发行债权型收益权证等方式向投资者（委托人）募集定量资金。在运用这种信托融资模式时，委托人与受托人之间需要签订资金信托合同，并要在合同中明确贷款的数额、用途以及规定的利率和期限等；受托人按委托人的意愿以自己的名义与借款人签订借款合同、办理担保手续，还要明确贷款的各项注意事项。在到了贷款期限后，受托人就需要向借款人收回贷款本息，并在扣除受托人手续费及代缴有关税收后，向委托人返还信托资金以及收益。

第四，收益权信托，即是在对相关财产的未来收益进行评估和信用增级的基础上，通过信托关系将收益权转移给信托公司，发起人将因信托关系所拥有的受益权（一般是受益权中的优先部分）向社会公众进行出售的过程。在采用这种信托融资模式时，必须确保项目能够获得稳定的收费权。

四、信托融资的流程

在进行信托融资时，通常要通过以下几个环节。

第四章
企业融资的其他传统模式

（一）信托项目立项

在进行信托融资时，首要的环节便是进行信托项目立项。信托产品立项是业务部门在前期广泛调研的基础上，就拟受托承办的信托项目确定产品框架，撰写立项报告，同时对该产品的销售、营销进行可行性分析，撰写可行性报告，进行评估筛选。同时进行初步尽职调查，收集项目基本资料。例如，融资申请人的营业执照、组织机构代码证、税务登记证、公司章程、验资报告、贷款卡及密码、最近一期财务报表和最近三年经审计的财务报表等。进行初步调查后，信托公司部门将进行内部评估，尤其对项目运作管理的可行性进行评估。在各部门完成初步评估并通过后，正式在公司内部进行批准立项。公司可以与客户签订投资协议书、保密协议等意向性文件。

（二）信托项目调查与决策

在信托项目立项之后，下一步便是信托项目组对信托项目进行深入调查，并在调查结果的基础上作出决策。信托公司应当结合业务开展的实际情况，根据委托人意愿以及信托财产运用的不同特点，严格按照公司信托业务操作规程开展尽职调查。另外，在尽职调查过程中，信托公司可以委托会计师事务所、律师事务所、资产评估机构等第三方机构出具专业意见并在项目审议时予以参考。不过，信托公司无论自行进行调查还是委托第三方进行调查，都应承担与尽职调查相关的风险及责任。

在调查完成之后，信托公司应当出具尽职调查报告，真实、准确、完整地反映所实施的尽职调查工作。除了要出具调查报告，信托公司还应根据调查结果进行决策，即明确信托项目是否具有可行性。若是具有可行性，就需要制定可行性研究报告。

还有一点需要注意的是，审批通过拟实施的项目，应向监管部门进行事前报备。信托公司应当对其所提供的信托登记备案相关文件和信息的真实性、准确性、完整性和及时性负责。

（三）设立信托

在明确了信托项目的可行性后，信托公司就需要设立信托了。在这一环节中，应特别注意以下几个方面。

第一，信托公司设立信托，应当遵守法律、行政法规、部门规章及其他规范性文件。

第二，信托公司所设立的信托，必须要有合法的信托目的和确定的信托财产，并且该信托财产必须是委托人合法所有的财产。

第三，信托公司在设立信托时，不得以任何方式承诺信托财产不受损失，或者以任何方式承诺最低收益；不得进行虚假宣传、夸大预期收益；不得夸大公司经营业绩或者恶意贬低同行；不得有法律、行政法规、部门规章及其他规范性文件所禁止的其他行为。

（四）信托产品营销

在对信托产品进行营销时，信托公司应遵循以下几方面的要求。

第一，信托公司营销信托产品应当坚持"了解产品"和"了解客户"的经营理念，遵循风险匹配原则、审慎合规原则，加强信托产品、营销行为合法性、合规性审查管理，加强信托产品风险等级评定，在有效评估投资者风险承受能力和投资需求的基础上，向投资者销售与其风险识别能力和风险承担能力相匹配的信托产品。

第二，信托公司或代理推介机构推介信托产品，应当遵守法律、行政法规、部门规章及其他规范性文件的规定，根据信托产品的不同特点，对委托人资格和推介范围进行明确界定。

第三，信托公司向自然人委托人首次推介信托产品或与其签署信托文件之前，应当告知投资者如实提供身份证明文件，要求其填写包括调查问卷、风险揭示书等形式的书面文件或在身份认证后通过法律认可的电子形式等方式，评估其风险承担能力，并要求其在信托文件中或者以其他书面形式承诺信托财产来源的合法性。

第四，信托公司可以自行推介信托产品，也可以委托符合法律、行政法规、部门规章及其他规范性文件规定的其他机构代理推介。信托公司委托其他代理机构代理推介时，相关的推介材料应由信托公司提供，且信托公司应保证推介材料的真实性、准确性。

第五，信托公司或代理推介机构不得通过报刊、电台、电视台、互联网等公众传播媒体或者讲座、报告会、分析会等方式向不特定对象进行产品推介。但信托公司或代理推介机构可以通过讲座、报告会、分析会以及公司网站等企业电子系统，向合格投资者推荐产品。

（五）信托项目管理

企业在进行信托项目管理时，可从以下几方面着手。

第一，信托公司应当按照信托文件的约定确定收益分配方案，及时向投资者分配收益。信托公司收取受托人报酬和费用，应当在信托文件中约定收费的具体标准及计算方法。除按信托文件约定收取报酬和费用外，信托公司不得以任何名义直接或间接以信托财产为自己或他人牟利。信托公司违反法律、行政法规、部门规章及其他规范性文件的规定或信托文件的约定，利用信托财产为自己谋取利益的，所得利益归入信托财产。信托公司违反信托目的处分信托财产，或者因违背管理职责、处理信托事务不当致使信托财产受到损失的，在未恢复信托财产的原状或者未予赔偿前，不得请求给付报酬。

第二，信托公司应当按照信托文件的约定亲自处理信托事务，委托人或受益人指定信托公司委托第三方代为处理的除外。信托文件另有约定或有不得已事由时，信托公司可委托会计师事务所、律师事务所、资产评估机构、投资顾问、专业服务管理机构等第三方代为处理。信托公司依法将信托事务委托他人代理的，应当对他人处理信托事务的行为承担责任。

第三，信托公司管理、运用、处分信托财产，不得将信托财产转为其固有财产；将其管理、运用、处分信托财产所产生的债权与其固有财产产生的债务相抵消，或者将其管理、运用、处分不同委托人的信托财产所产生的债权债务相互抵消；信托产品成立后至到期日前，擅自改变产品类型及投资资产的比例范围；将信托财产挪用于非信托目的的用途；以信托财产提供担保；以固有财产与信托财产进行交易或者将不同委托人的信托财产进行相互交易，但信托文件另有约定或者经委托人或者受益人同意，并以公允的市场价格进行交易的除外；为自己或者他人牟取不正当利益或者进行商业贿赂；法律、行政法规、部门规章及其他规范性文件禁止的其他行为。信托公司违背管理职责或者处理信托事务不当对第三人所负债务或自己所受的损失，以其固有财产承担。

第四，信托公司将信托产品投资于其他机构发行的资产管理产品，从而将信托产品资金委托给其他机构（受托机构）进行投资的，应当符合法律、行政法规、部门规章及其他规范性文件的规定。信托公司应与受托机构明确约定，受托机构接受委托后，应切实履行主动管理职责，不得进行转委托。信托公司应当对受托机构开展尽职调查，实行名单制管理，明确规定受托机构的准入标准和程序、责任和义务、存续期管理、利益冲突防范机制、信息披露义务以及退出机制。信托公司不得因委托其他机构投资而免除自身应当承担的责任。信托公司不得违反法律、行政法规、部门规章及其他规范性文件的规定接受委托方直接或间接提供的担保，不得与委托人签订抽屉协议，不得为委托人规避监管规定或第三方机构违法违规提供通道服务。

（六）信托项目清算

在信托项目终止后，信托公司就需要进行信托项目清算，并要出具信托项目清算报告。在该报告中，需要涉及信托的基本信息；信托财产的管理、运用及处分情况；信托收益情况及分配情况；清算报告异议期限及受托人解除责任声明；法律、行政法规、部门规章及其他规范性文件规定及信托文件约定应当披露的其他内容。信托公司作出清算报告后，可以根据信托文件的约定进行审计。信托文件约定清算报告不需要审计的，信托公司可以提交未经审计的清算报告。

信托公司在出具了信托项目清算报告后，需要在约定的时间内，以约定的方式将其提交给受益人或信托财产的权利归属人。受益人或信托财产的权利归属人在收到该清算报告后，若是存在异议，需要在异议期限内予以提出；若是不存在异议，则可以按照该报告实施。

在信托项目清算之后，若是存在剩余信托财产，则信托公司应当依法按照信托文件的约定转移给信托财产的权利归属人。信托财产转移前,由信托公司负责保管。保管期间的收益归属于信托财产,发生的保管费用由被保管的信托财产承担,但信托文件另有约定的除外。

在进行信托项目清算时,还有一项需要做的工作是,真实、准确、完整地记录与保存该次信托融资,并进一步明确该次信托融资的优势以及存在的问题,以便为下一次信托融资的实施奠定基础。

第三节 典当融资

在企业传统的融资模式中,典当融资也是经常会用到的一种融资方式。特别是中小企业在急需短期资金的情况下,采用这种融资方式可以快速地满足自己的资金需求,继而确保企业的正常运转。

一、典当融资的含义

典当融资是以实物为质押或抵押,以实物所有权转移的形式取得临时性贷款的一种融资方式。很明显,这是一种以物换钱的融资方式。一般来说,实物可以质押或抵押给典当行,典当行在对抵押物的当前价值进行评估的基础上,乘以折当率就得出了典当金额。此外,这种融资方式的双方通常会约定典当期限,而且典当者需要在约定的期限内偿还本金并支付一定的综合服务费后将典当物赎回。

典当融资与其他的传统融资方式相比,起着拾遗补阙、调余济需的作用,能够帮助融资者在短时间内获得尽可能多的资金。因此,典当融资在当前获得了越来越多创业者的青睐。

二、典当融资的优缺点

（一）典当融资的优点

典当融资的优点具体来说有以下几个。

第一，典当融资具有较高的灵活性。在进行典当融资时，可以典当的实物是极为多样化的，既可以是金银珠宝、古玩饰品、房屋车辆，也可以是生产生活资料、有价证券等。典当融资不仅典当物十分灵活，典当的费用也是十分灵活的。就典当费用来说，其可以根据典当的淡旺季、典当的期限、通货膨胀率、典当物的风险大小、与典当人的关系等来确定，但不能超过法定最高范围。

第二，典当融资的手续是十分简单快捷的。典当物在准确无误、货真价实的情况下，只通过简便的手续便能够获得贷款，有的甚至不到一个小时便能够完成；典当物在需要鉴定或试验的情况下，典当行也会争取在最短的时间内完成融资活动。因此，典当融资相比银行贷款来说要更为简单便捷。

第三，典当融资的限制条件较少。典当融资相比其他的传统融资方式来说，在融资条件上的限制是比较少的。只要企业有值钱的东西，就可以进行典当融资。不过需要注意的一点是，并不是所有值钱的东西都可以质押或抵押，前提是其有合法来源、未被查封或扣押的，非易燃、易爆、剧毒、放射性的，非国家法律法规明令禁止买卖的。

第四，典当融资对企业信用及贷款用途的限制较少。通常来说，企业在进行典当融资时，其信用以及贷款用途很少会被典当行所关注。这是因为，典当融资的风险是比较低的，企业如不能在规定的期限内将质押或抵押的物品赎回，典当行就有权力对其进行拍卖，以避免损失。典当行不会对企业贷款用途进行限制，这大大提高了企业贷款的使用效率。

（二）典当融资的缺点

典当融资的缺点具体来说有以下几个。

第一，典当融资的成本是比较高的，特别是要缴纳较高的综合费用。

第二，典当融资的规模是比较小的，即企业进行典当融资所获得的贷款规模不大。

第三，典当融资的期限往往较短，通常不会超过半年。

三、典当融资的流程

在进行典当融资时，通常要经过以下几个环节。

第一，审当。在典当融资的这一环节，主要是对当物的归属权进行验证与明确。当户必须提供当品合法有效的归属证件，以证明物品归当户所有，其次提交当户身份证明证件（企业提交营业执照、法人代码证等）进行审核建档。

第二，验当。在典当融资的这一环节，需要对当物的发票、单据等进行核对，也需要专业典当评估人员或是评估机构对当物进行估值。在此基础上，典当行会给出当金额度、典当折算率、综合费率、当期（不超过6个月）及利率等。关于典当融资的利用，我国法律规定是不能超过同期银行标准利率的4倍。

第三，收当。在典当融资的这一环节，需要签订当票、典当协议书，之后当物就暂时归典当行保管。同时，典当行要支付当金（需扣除综合费用）。

第四，赎当或续当。在典当融资的这一环节，当户在典当物到期后，若需要赎回，就要结清当金及利息，而典当行在办理当物的出库手续后，要将当品和发票都归还当户；若是暂时不归还当金，就需要去典当行办理续当手续，办理时需要提供当票，并要支付本期当金利息。需要注意的是，在进行续当时，典当行会重新对当物进行查验，估算其价值；续当期间的利率、费率保持不变；续当的期限要比原期限短。

第四节 项目融资

在我国传统的融资方式中,项目融资也是企业经常会用到的一种融资方式。项目融资作为新的融资方式,对于大型建设项目,特别是基础设施和能源、交通运输等资金密集型的项目具有更大的吸引力和运作空间。

一、项目融资的含义

项目融资起源于20世纪30年代的美国油田开发项目,后其应用范围不断扩大,成为企业进行融资的一种重要方式。

所谓项目融资,就是贷款人向特定的工程项目提供贷款协议融资,对于该项目所产生的现金流量享有偿债请求权,并以该项目资产作为附属担保的融资类型。它是一种以项目的未来收益和资产作为偿还贷款的资金来源和安全保障的融资方式。也就是说,项目融资关注的是项目本身的经营状况以及项目建成使用后可以获得利益。此外,项目融资不需要政府部门的还款承诺,也不需要以投资者的信用或有形资产作为担保,因而其运用范围是十分广泛的。

二、项目融资的类型

项目融资有多种方式,而以项目是否具有追索权为依据,可以将项目融资细分为以下两类。

(一)有限追索权项目的融资

所谓有限追索权项目的融资,就是贷款银行以贷款项目的经营收益作为还款来源和取得物权担保外,还要求有项目实体以外的第三方提供担保。也就是说,有限追索权项目的融资会涉及担保人,而且贷款行有权向第三方担保人追索,追索时以担保人所担保的金额为重要依据。

第四章
企业融资的其他传统模式

一般来说,项目融资的有限追索性主要是通过以下几方面表现出来的。

第一,时间的有限性,即一般在项目的建设开发阶段,贷款人有权对项目发起人进行完全追索,而通过"商业完工"标准测试后,项目进入正常运营阶段时,贷款可能就变成无追索性的了。

第二,金额的有限性,如果项目在经营阶段不能产生足额的现金流量,其差额部分可以向项目发起人进行追索。

第三,对象的有限性,即贷款人一般只能追索到项目实体。

(二)无追索权项目的融资

所谓无追索权项目的融资,就是贷款的还本付息完全依靠项目经营效益的融资。在这种融资方式下,贷款银行为保障自身的利益必须从该项目拥有的资产取得物权担保。如果该项目由于种种原因未能建成或经营失败,其资产或收益不足以清偿全部的贷款时,贷款银行无权向该项目的主办人追索。由于这种融资方式会让贷款方承担太大的风险,因而使用很少。

无追索权项目的融资,通常具有以下几个特点。

第一,项目贷款人对项目发起人的其他项目资产没有任何要求权,只能依靠该项目的现金流量偿还。

第二,项目发起人利用该项目产生现金流量的能力是项目融资的信用基础。

第三,当项目风险的分配不被项目贷款人所接受时,由第三方当事人提供信用担保将是十分必要的。

第四,项目融资一般建立在可预见的政治与法律环境和稳定的市场环境基础之上。

三、项目融资的特点

与其他的传统融资方式相比,项目融资具有以下几个鲜明的特点。

(一)排他性

项目融资的这一特点是针对项目主体而言的。项目融资主要依赖项目自身未来现金流量及形成的资产,而不是依赖项目的投资者或发起人的资信及项目自身以外的资产来安排融资。融资主体的排他性决定了债权人关注的是项目未来现金流量中可用于还款的有多少,其融资额度、成本结构等都与项目未来现金流量和资产价值密切相关。

(二)有限性

项目融资的这一特点是针对项目的追索权而言的。传统融资方式如贷款,债权人在关注项目投资前景的同时,更关注项目借款人的资信及现实资产,追索权具有完全性;而项目融资方式如前所述,是就项目论项目,债权人除和签约方另有特别约定外,不能追索项目自身以外的任何形式的资产,也就是说项目融资完全依赖项目未来的经济强度。

在其他融资方式中,投资者向金融机构的贷款尽管是用于项目,但是债务人是投资者而不是项目,整个投资者的资产都可能用于提供担保或偿还债务,也就是说债权人对债务有完全的追索权,即使项目失败也必须由投资者还贷,因而贷款的风险对金融机构来讲相对较小。而在项目融资中,投资者只承担有限的债务责任,贷款银行一般在贷款的某个特定阶段(如项目的建设期)或特定范围可以对投资者实行追索,而一旦项目达到完工标准,贷款将变成无追索。

(三)复杂性

项目融资的这一特点是针对融资的程序而言的。项目融资数额大、时限长、涉及面广,涵盖融资方案的总体设计及运作的各个环节,需要的法律性文件也多,其融资程序比传统融资复杂。且前期费用占融资总额的比例与项目规模成反比,其融资利息也高于公司贷款。

(四)分散性

项目融资的这一特点是针对项目的风险而言的。由于项目融资资金需求量大,风险高,所以往往由多家金融机构参与提供资金,并通过书面协议明确各贷款银行承担风险的程度,一般还会形成结构严谨而复杂的担保体系。

（五）高成本性

由于项目融资风险高，融资结构、担保体系复杂，参与方较多，因此前期需要做大量协议签署、风险分担、咨询顾问的工作，需要发生各种融资顾问费、成本费、承诺费、律师费等。另外，由于风险的因素，项目融资的利息一般也要高出同等条件抵押贷款的利息，这些都导致项目融资同其他融资方式相比融资成本较高。

四、项目融资的流程

在进行项目融资时，通常要经过以下几个阶段。

（一）投资决策阶段

项目融资的第一个阶段，便是投资决策阶段。在这一阶段，需要在全面、深入分析宏观经济形势、工业部门的发展以及项目在工业部门中的竞争性、项目的可行性等基础上，决策是否进行投资。一旦作出投资决策，接下来的一个重要工作便是确定项目的投资结构，项目的投资结构与将要选择的融资结构和资金来源有着密切的关系。同时，在很多情况下项目投资决策也是与项目能否融资以及如何融资紧密联系在一起的。投资者在决定项目投资结构时需要考虑的因素很多，其中主要包括项目的产权形式、产品分配形式、决策程序、债务责任、现金流量控制、税务结构和会计处理等方面的内容。

（二）融资决策阶段

在这一阶段，项目投资者将决定采用何种融资方式为项目开发筹集资金。是否采用项目融资，取决于投资者对债务责任分担、贷款资金数量、时间、融资费用以及债务会计处理等方面的要求。如果决定选择采用项目融资作为筹资手段，投资者就需要选择和任命融资顾问，开始研究和设计项目的融资结构。

（三）融资结构分析阶段

在制定了融资决策后，就需要对融资结构进行分析、研究与设计。在这一过程中，一项重要的工作是分析与评估项目风险。项目融资信用结构的基础是由项目本身的经济强度以及与之有关的各个利益主体与项目的契约关系和信用保证等构成的。能否采用以及如何设计项目融资结构的关键点之一就是要求项目融资顾问和项目投资者一起对项目有关风险因素进行全面分析和判断，确定项目的债务承受能力和风险，设计出切实可行的融资方案。项目融资结构以及相应的资金结构的设计和选择必须全面反映投资者的融资战略要求和考虑。

（四）融资谈判阶段

在项目融资方案初步确定之后，融资顾问将有选择地向商业银行或其他投资机构发出参与项目融资的建议书、组织贷款银团、策划债券发行、着手起草有关文件。与银行的谈判会经过很多次的反复，这些反复可能是对相关文件进行修改，也可能涉及融资结构或资金来源的调整，甚至可能是对项目的投资结构及相应的文件作出修改，来满足债权人的要求。因此，在谈判过程中，强有力的顾问可以帮助加强投资者谈判地位，保护其利益，并能够灵活地、及时地找出方法解决问题，打破谈判僵局。因此，在谈判阶段，融资顾问的作用是非常重要的。

（五）执行阶段

在正式签署项目融资的法律文件之后，融资的组织安排工作就结束了，项目融资进入执行阶段。在这期间，贷款人通过融资顾问经常性地对项目进展情况进行监督，根据融资文件的规定，参与部分项目的决策、管理和控制项目贷款资金投入和部分现金流量。贷款人的参与可以按项目的进展划分为三个阶段：项目建设期、试生产期和正常运行期。

五、项目融资的适用范围

就当前来说，项目融资主要适用于以下几类项目。

第一，基础设施建设项目，包括铁路、公路、港口、电讯和能源等项目的建设。基础设施建设是项目融资应用最多的领域，其原因是这类项目投资规模巨大，完全由政府出资有困难。同时，基础设施建设的商业化经营，有助于基础设施建设项目产生收益。

第二，资源开发项目，包括石油、天然气、煤炭、铁、铜等开采业。项目融资在最开始出现时，就主要应用于这一类项目。

第三，制造业项目。在当前，项目融资虽应用于制造业项目，但总体而言应用的范围是比较窄的。这是因为，制造业中间产品很多，工序多，操作起来比较困难，而且其对资金的需求相比前两个领域来说要少很多。在制造业中，项目融资多用于工程上比较单纯或某个工程阶段中已使用特定技术的制造业项目，也适用于委托加工生产的制造业项目。

第五节 政策性融资

一、政策性融资的含义

以国家政策为依据，以政府信用为担保，政策性银行或其他银行对一定的项目提供的金融支持，便是政策性融资。

政策性融资适用于具有行业或产业优势，技术含量高，有自主知识产权或符合国家产业政策的项目，通常要求企业运行良好，且达到一定的规模，企业基础管理完善等。

二、政策性融资的类型

政策性融资依据不同的标准可以分为不同的类型，其中常见的政策性融资分类方式有以下两种。

（1）以融资渠道的不同为依据通常可以将政策性融资分为四类：一是各政策性银行，如中国进出口银行和中国农业发展银行；二是各级政府投资或控股的政策性担保机构；三是政府有关部门投资控股的风险投资公司，该类机构主要支持当地科技含量高、成长性高的中小企业；四是中央和地方各级财政部门。

（2）以融资方式的不同为依据通常可以将政策性融资分类五类，即政策性贷款、政策性担保、财政贴息、专项扶持基金和政策性投资。

三、政策性融资的优缺点

（一）政策性融资的优点

政策性融资的优点主要有以下三个方面。

第一，政策性融资有着很强的针对性，能够充分发挥金融的作用。

第二，政策性融资的成本比较低，很多情况下获得资金的企业不需要支付利息，或是虽然要支付利息但利率比较低。

第三，政策性融资的风险相对较小。

（二）政策性融资的缺点

政策性融资的缺点具体来说有以下几个。

第一，政策性融资有较强的针对性，因而其适用面是比较窄的。

第二，政策性融资的金额通常是比较小的，因而在企业资金需求量大的情况下，无法满足企业的融资需求。

第三，政策性融资需要经过众多的环节，而且手续较为复杂，因而一次政策性融资的完成需要花费较长的时间。

四、政策性融资的作用

政策性融资的作用，就当前来说主要有以下几个。

第一，政策性融资的目的不是盈利，因而其利率并不高，甚至可能免息。同时，政策性融资对贷款时间没有特别严格的规定，可长可短。因此，采用这种融资方式可以弥补经济不发达地区市场投资的不足、缓解不发达地区发展存在的资金短缺问题。

第二，政策性融资既可以提高政府的理财与投资能力，也可以更好地运用政府财政，充分发挥政府财政资金的作用。

第四章
企业融资的其他传统模式

第三,政策性融资对于国家的基础设施及项目建设有一定的偏好,因而这种融资方式对于国家建设的有序开展以及国家的稳定发展都有积极的意义。

第五章
企业融资战略的制定与构建

企业要保证融资的顺利进行，必须要制定并构建恰当的融资战略。而在企业的融资战略中，需要包含企业融资的原则、企业融资时机的选择、企业融资商业计划书的撰写、投资方的选择与融资谈判技巧等多方面的内容。在本章中，将对这些内容进行详细阐述。

第一节　企业融资需秉持的基本原则

企业融资并非盲目进行的，必须遵循一定的原则。具体来看，企业在融资时需要秉承的基本原则有以下几个。

一、适时性原则

企业融资的适时性原则，指的是企业在进行融资时，必须把握好融资的恰当时机。对于企业来说，在不同的时间点筹措相同数量的资金，所获得的价值是有一定差异的。为此，企业在进行融资时必须要充分掌握资金时间价值的原理和计算方法，并以自身的资金需求实际情况为依据，对融资的时间进行合理安排，以便能够及时获得所需资金。这样一来，既可以避免过早融资形成资金投放前的闲置，又可以保证资金的及时到位，从而在最佳的时间来投放资金。

二、适量性原则

企业融资的适量性原则，指的是企业在进行融资时，必须要把握好资金的需求量，避免因资金筹集不足而导致正常的生产经营被迫停止，或是因资金筹集过多而造成资金闲置。也就是说，企业在进行融资时需要量力而行，确定合理的融资规模。

企业的资金需求量并不是固定的，而是随着企业发展状况、经营状况等的不同而有一定的差异。因此，企业在进行融资前，必须要借助于科学的方法，对所需的资金数量即融资规模进行合理预测。由于资金需求数量会受到资金形式和资金需求期限的影响，因而企业在确定融资规模时要充分考虑这两个方面。

三、恰当性原则

企业融资的适当性原则，指的是企业在进行融资时，必须要对资金市场以及融资渠道等进行深入了解，恰当地选择资金来源。

企业通过对资金市场以及融资渠道等进行深入研究，可以更为准确地掌握资金的源泉和融资场所，了解资金的分布和供求关系。如此一来，企业便能够了解融资的难易程度。此外，资金的来源不同，企业在融资时所需要付出的成本以及融资后所能够获得的收益也会有一定的差异。因此，对资金来源及其可能带来的影响进行深入分析也是极为必要的。

四、经济性原则

企业融资的经济性原则，指的是企业在进行融资时，必须要选择最为恰当的融资方式。企业在进行融资时，除了要获得一定的利益，还需要付出一定的代价、承担相应的风险。虽然说代价的大小不一定，风险也不确定，但代价过大或是一旦发生风险，企业都会遭受较大损失。特别是对于中小企业来说，其本身的规模并不大，抵御风险的能力也比较差，若是只考虑收益而忽视代价或风险，很可能会导致企业走向灭亡。因此，企业在进行融资时，必须要考虑收益与风险。

由于融资方式不同，所需要付出的资金成本和所需要承担的财务风险也有一定的差异，因而在具体进行融资时，必须仔细地分析、比较各种融资方式，选择最为经济可行的一种。融资方式会影响到资金结构，而只有保证资金结构的合理性，才能够在最大可能降低融资成本的同时，也尽可能减少融资可能带来的危险。

五、控制性原则

这一原则指的是，企业在进行融资时必须要保证企业的控制权掌握在自己手中。企业进行融资后，其控制权会发生一定的变化，从而对企业的经营自主性与独立性产生直接影响，甚至导致企业利润分流，影响企业的长远发展。因此，企业在进行融资时，必须对融资方式、融资额度等对企业控制权的影响程度进行分析，以确保融资后企业的控制权仍在自己手中。

第二节 企业融资时机的选择技巧

所谓融资时机，就是对企业融资有利的各种因素所构成的融资环境。企业过早进行融资，很可能会造成资金闲置；企业过晚进行融资，又可能造成资金链断裂。因此，对于企业而言，在瞬息万变的经济形势下，以自身的条件与融资的外在因素为依据，对融资时机进行合理把握是极为重要的。就当前来说，企业在选择融资时机时，需要充分考虑到以下几个方面。

一、整体资本环境状况

企业在选择融资时机时，也需要考虑到整体资本环境的状况。这是因为，当资本环境不利于企业发展时，投资者自然也不会冒险来投资企业。通常来说，企业可通过以下几个方面来了解整体资本环境的状况。

第一，国家宏观调控政策。国家宏观调控政策对企业资本环境的影响是极大的，国家每次宏观调控都会针对资本环境做出一系列改革，牵一发而动全身，其对企业融资的影响极大。

第二，政府服务。对于许多初创企业、中小企业而言，发展离不开政府的扶持。我国市场竞争激烈，伴随的经营风险极不稳定，导致企业融资被制约。但是，近些年来，我国陆续出台了一些行业支持政策，一定程度上减轻了企业融资困难的情况。

第三，银行信贷政策。通常情况下，国家宏观调控的行业通常都会被限额贷款，甚至是拒绝贷款，原因是信贷政策紧随国家宏观调控政策的脚步，而信贷政策又直接决定了银行是否放款给企业。出于贷款安全考虑，银行机构审核贷款时，通常都会首先考虑企业所在行业是否属于国家的产业政策，其次才会考虑企业的经营状况等因素。

总之，企业在选择融资时机时，必须要及时关注整体资本环境的状况，并对其进行深入分析，以明确其对企业融资的利与弊。在此基础上，企业再进行融资，必然会收到事半功倍的效果。

二、现金流

对于企业来说，拥有一定数量的现金是极为重要的。一旦现金流出现断流的情况，企业的生产经营将无法继续。因此，企业在选择融资时机时必须要考虑现金流这一因素。当企业现金流剩余较多，此时企业去融资，必将造成资金浪费；但企业现金流一旦变少，而企业还没有开始融资，则很有可能导致企业无法维持经营，甚至走向破产。企业以自己的现金流作为寻求融资机会的判断因素，判断通常比较准确，还有助于企业对自身进行分析，以便于完善资金状况，在下次融资时表现得更好。

通常情况下，企业可根据现金流的三个方面来判断自己是否需要融资。

第一，现金流量净额。现金流量净额是经营活动现金流、投资活动现金流、筹资活动现金流三个方面的现金流入量以及流出量之间所产生的差额。企业现金流量净额如果呈现正数的状态，一般情况下意味着这家企业存在五个方面的可能性，分别是企业市场状况良好、企业的股利较高、企业的盈利情况不错、企业的偿债能力良好、企业资产的流动不足。这些都表明，如果企业现金流量净额呈现正数，则说明企业发展尚未出现较大问题，对现金的需求不是很紧迫，并不着急融资。

第二，经营项目回款周期。一般情况下，企业的收现能力体现在经营项目回款周期上。回款周期越短，则企业的经营收现能力越好，能够正常收现的情况下不需要进行融资。反之，企业经营项目回款周期过长，就会导致无法正常收现，此时就需要进行融资。

第三，净利润占现金流的比例。净利润占现金流的比例能够有效披露企业创造现金流量的能力，也是企业利润质量的体现，而企业利润质量会影响到企业融资。基于现金流量表的核算原则，企业经营正常的情况下，现金流一般都会高于净利润；反之，则说明企业有可能存在坏账的风险，需要时刻做好融资的准备。

三、业务资金需求情况

企业在选择融资时机时，业务资金需求情况也是必须要考虑的一个方面。通常来说，企业只需考虑未来6~12个月的业务资金需求情况即可。

众所周知，企业融资从对接到洽谈再到最后的形成合作，通常需要几个月才能完成，因此，企业选择融资时机可以从未来6~12个月业务资金需求出发，厘清企业发展所需要的成本。通常情况下，企业应该根据估计需要的资产、销售预测、预估备用资金需要量，以及预测收入、费用和留存收益等因素来预测未来6~12个月的业务资金需求。

第一，估计需要的资产。资产是销售量的体现，根据企业历史的销售、资产数据可以得知销售与资产之间的关系。企业根据预计销售量能够推算出在未来6~12个月中所需要的资产总量。需要注意的是，流动负债也会影响销售的数量，自然也可以使用流动负债来预测负债的自发增长率，而自发增长率能够帮助企业维持更长时间的运营，减缓融资脚步。

第二，销售预测。销售预测是财务预测的基础，企业只有知道自己能够卖多少产品，才能开始财务预测。因此，企业在预测资金需求量时，应当以销售预测作为基础。

第三，预估备用资金需要量。企业在发展过程中不可能每一步都按照预算走，偶尔会需要一些备用资金作为业务追加资金，以避免发生状况时无法应对。企业通常通过计算，再结合手中的现金流推测是否能够维持未来6~12个月的业务需求，进一步决定是否需要融资。

第四，预测收入、费用和留存收益。收入、费用以及销售额息息相关，企业在预测销售的基础上可以进一步推算企业在未来6~12个月的收入与费用，以此来计算出净利润。

第三节　企业融资商业计划书的撰写

企业在有了融资需求后，要保证融资的顺利进行，撰写详细的融资商业计划书是十分有必要的。一份严谨、优秀的融资商业计划书能够帮助企业被投资者所认可，融资成功的可能性也会大大增加。因此，在企业的融资战略之中，撰写优秀的融资商业计划书是一项重要的内容。

一、企业撰写融资商业计划书的目的

一般来说，企业撰写融资商业计划书主要是为了实现以下两个目的。

第一，在对自身发展状况进行全面评价的基础上，促进自身的进一步发展。在撰写融资商业计划书的过程中，企业内部的大量信息都需要收录其中，并且根据信息内容作出详细解析进而预测企业发展。因此，撰写融资商

业计划书有助于全面梳理企业信息与发展情况，从而达到有效的自我评价的目的。此外，撰写融资商业计划书有助于企业了解自己，针对自身不足做出改进，从而提升企业整体发展质量。

第二，获得更多投资者的认可。对于企业来说，其所撰写的融资商业计划书需要面向政府部门、投资人、项目合作伙伴等对象，是其获取融资的有效敲门砖，能够帮助这三类人群更快、更好地了解企业项目，进而达到争取更多资源的目的。

二、撰写企业融资商业计划书的内容

通常而言，一份严谨、优秀的融资商业计划书需要包括以下几方面的内容。

第一，企业简介。该部分主要是介绍企业的性质与产品。其中，企业性质是让投资者能够及时了解企业的基本信息，而产品介绍包括满足客户需求的优势能力、推销产品和服务的有效方法等。除此之外，企业还可以介绍产品项目的进程，并且向投资者展示该项目的发展前景，以此来吸引投资者。

第二，市场分析。在融资商业计划书中，对企业所在市场进行详细分析也是一项重要的内容。通过这一部分的介绍，投资者可以更好地判断企业的发展状况、发展前景等，继而影响其投资决定。

第三，竞争对手。在融资商业计划书中，对竞争对手进行全面分析也是很有必要的。在这一部分，既要充分展现出竞争对手及其实力，还要讲述在竞争过程中企业所占据的优势，并阐述企业为何能够在竞争中取胜。如果企业处于初创阶段，尚未具备竞争优势，那么可以着重阐述自己在团队管理方面的优势及其对竞争对手的超越。

第四，组织和管理。组织和管理包括企业的组织结构、企业的所有权、企业的管理团队以及董事会等。对于初创企业而言，竞争优势尚未形成，因此，团队是决定企业能否走向成功的重要因素。一般来说，在介绍团队的时候，要把核心人物介绍出来，一般选取3~5个，介绍顺序由职位高低来决定。可能的情况下，在商业计划书中提供一份团队个人简历，强调团队中成员如何形成互补或介绍每个人的特长。

第五，营销策略。营销的过程就是开发客户的过程，客户是企业运营的重要因素。一份完整的营销策略应包括市场渗透策略、发展策略、分销渠道策略和沟通策略四个方面。

第六，服务或产品线。在融资商业计划书中，企业应对项目产品或提供的服务类型进行较为详细的介绍，并要特别强调产品的优势及其对客户的吸引点。

第七，融资需求。在融资商业计划书中，企业应该说明融资金额、出让多少股份、资金用途等内容。一般情况下，融资金额应满足一年半左右的资金量。

第八，企业愿景。一般情况下，介绍企业愿景可以根据明确的企业使命来展开。企业使命是企业经营哲学的具体化，表达了企业的社会态度和行为准则，集中反映了企业的任务和目标。要知道，如果企业连发展愿景都没有，投资者将会认为企业胸无大志。因此，在融资商业计划书中，企业的愿景应该是让投资者看到企业是具备发展潜力的。对于企业的发展愿景，需要向投资者展示其未来的发展目标，比如企业发展规模、人员管理状况、企业发展领域等。

第九，退出机制。对于大多数投资者来说，其对企业股份的占据不会是长期的，即投资者在获得了预想的利益后会选择抽身，此时企业就要明确用哪一种方式将投资者的利益兑现。

三、撰写企业融资商业计划书的技巧

企业所撰写的融资商业计划书要想获得投资者的青睐，必须要准确描述投资者所关注的重点。为此，企业在撰写融资商业计划书时还需要掌握一定的技巧。

第一，简洁明了。融资商业计划书的篇幅是有限的，因而所涉及的内容要尽可能简洁明了。

第二，数据准确。企业在撰写融资商业计划书时，不论是行业数据还是企业主营业务运营数据，都要尽可能做到准确无误。通常来说，企业在收集行业数据时，可从行业的环境、行业的生命周期、行业的结构、行业市场、行业组织等多个方面着手。企业主营业务运营数据能够让投资者了解企业的运营状况、盈利能力，是吸引投资者进行投资的一个重要条件。因此，企业在撰写融资商业计划书时，必须要涉及主营业务运营数据，并要保证该数据的准确性。

第三，突出产品的竞争优势。企业在撰写融资商业计划书时，必须要突出产品的竞争优势。一般来说，企业可通过产品定位、企业业务层及其运转模式、企业产品的价值主张等来突出产品的竞争优势。

第四，构建竞争壁垒。市场竞争是必然存在的，企业要想可持续发展，就必须要有竞争。对于投资者来说，不具备竞争壁垒的企业是没有投资价值的，而有强大竞争壁垒的企业将会获得较好发展。

四、撰写企业融资商业计划书的常见误区

企业要想自己撰写的融资商业计划书获得投资者的认可，就需要在撰写过程中避免陷入以下几个误区。

第一，专业术语使用过多。在企业融资商业计划书中，过多的专业术语不仅无法有效展示企业的形象，还可能导致投资者无法准确地理解企业所阐述的内容，继而放弃对企业的投资。因此，企业融资商业计划书中切不可过多使用专业术语。

第二，数据不真实。企业在撰写融资商业计划书时，不论是与企业当前发展相关的数据，还是与企业未来发展预测相关的数据，都必须保证其真实性，不可夸大。

第三，估值过高。企业对自身的估值状况，也会影响投资者的投资态度。当企业的估值超出投资者的支付能力时，投资者自然会放弃投资。

第四,团队信息模糊或不够详细。投资者在选择投资对象时,对投资对象的团队也是十分在意的,因而这一部分内容应在融资商业计划书中详细介绍。

第五,忽视竞争对手。企业在撰写融资商业计划书时,必须明确自己的竞争对手,并对竞争对手的相关情况进行分析,继而提出自身的竞争优势。

第六,附录和数据表过多。这容易让投资者分不清重点,因而在融资商业计划书中要尽可能精简这一部分内容,确实有需要时才放入。

第七,未准备电子版融资商业计划书。

第四节 投资方的选择与融资谈判技巧

一、投资方的选择技巧

企业在进行融资时,需要引入投资方来获得资金。不过,投资方并不能盲目选择,具体来看,融资企业在选择投资方时,应切实关注以下几个方面。

第一,投资方能否为融资企业提供全面的资本运作服务。资本运作得好坏关乎企业增值与效益增长,但是,许多企业的管理者特别是初次创业者对于资本运作并不熟悉。有经验的投资者对于资本运作是驾轻就熟的,如果投资者能够为创业者提供全面的资本运作服务,能对企业的发展起到推波助澜的正面作用。

第二,投资方是否具备资源整合能力。资源整合包括纵向与横向两个维度:纵向产业链的资源整合是指投资者将自己所投资的相关产业链项目进行结合,资源共用,互通有无;横向的资源整合指投资者挖掘本来不相干的企业的互通点并且进行结合,企业互通的同时实现强强联合。

第三,投资方能否实现规范管理目的。由于管理失误而导致破产的企业数不胜数,管理是否得当在企业运营过程中起着相当重要的作用。有丰富资金管理经验的投资者能够在招揽人才、培训新人、管理员工等方面提供帮助，帮助创业者花费最小的成本完成规范管理的目标。

第四，投资方是否愿意帮助融资企业解决难题。企业在成长与发展的过程中，会遇到各种各样的难题，投资者若是愿意帮助企业解决其面临的难题，则企业的发展会更加顺畅。因此，企业在选择投资方时，必须要考虑其是否愿意帮助企业解决自身发展中遇到的难题。

二、融资谈判技巧

企业在进行融资时，如果不具备良好的谈判技巧，也可能会导致融资失败。在面对投资者时，企业应该与投资者进行良好的沟通和交流，恰当地把握主动权，这是创业者需要重点把握的技巧。

第一，全面了解投资者。企业融资面对的投资者并非单一的，他们的背景、喜好、知识结构等不同，因此所关心的重点也不一样。比如，有的投资者喜欢激进前行的企业，有的投资者喜欢稳重发展的企业。因此，融资方在融资谈判之前了解投资者的偏好、投资项目的倾向性、投资方式与流程等是必要的，主要是为了能够在沟通语言、行为方式、爱好等方面力求一致，从而更好地打动投资者。

第二，明确共同承担经营风险。融资方与创业者双方进行商业合作是自愿的。融资过后，融资方与投资者是利益共同体，因此双方应利益共享，风险共担。

第三，保证企业经营权独立。融资方在进行融资时，应当以有利于企业发展为出发点，保证企业经营的独立权，在作出重大决策时不要受到投资者过多的干扰。

第四，把握谈话重点。想要在短时间内打动投资者并非难事，只要聚焦投资者所关注的要点、快速让投资者知道企业在做什么、处于什么状况、想要得到什么等即可。

第五，保持诚信。在融资过程中，融资方与投资方的诚信是双方合力

第五章
企业融资战略的制定与构建

打造企业未来的基础。如果投资者在尽职调查时发现融资方弄虚作假，无论是夸大或编造项目、财务数据等大方面，还是在编造成功经历等小处，都将扼杀投资者对企业的信任。另外，投资协议包括众多的约束条款，这些条款都要求创业者能够保持诚信，可具体体现在创业者不侵占、挪用企业财产，对重大项目陈述真实与完整等方面。双方只有保持诚信，共同致力于企业发展，才能实现合作共赢。

第六章

企业融资的风险管理

企业在金融市场中筹集资金时，会依据自身的实际情况，通过多样化的渠道、不同的方式来进行。在这一过程中，由于融资成本的差异以及借款期限、使用条件等的不同，不同的融资方式所带来的融资风险也不尽相同。在本章中，将对企业融资风险以及融资风险管理的相关内容进行详细阐述。

第一节 融资风险的基本认知

一、融资风险的含义

融资风险是企业财务风险的一个重要组成部分，其在很大程度上制约着企业的融资结果，影响着企业的发展状况。所谓融资风险，就是企业为了获得进一步发展在融入资金过程中产生的丧失偿债能力的可能性和企业利润（股东收益）的可变性。

二、融资风险的产生

关于融资风险的产生，可以从内因与外因两个方面进行分析。

（一）融资风险产生的内因

导致企业融资风险产生的内因主要有以下几个。

第六章
企业融资的风险管理

1. 资本结构不当

企业自有资本与借入资本的比例，便是企业的资本结构。当资本结构不合理时，企业所面临的财务风险也会增大。企业借入资本比例越大，资产负债率越高，财务杠杆利益越大，伴随其产生的财务风险也就越大。合理地利用债务融资，控制好债务资本与权益资本之间的比例关系，对于企业降低综合资本成本、获取财务杠杆利益和降低财务风险是非常关键的。

2. 负债规模过大

在导致企业融资风险产生的内因中，负债规模过大是不可忽视的一个。这里所说的负债规模过大，可以从两个方面进行衡量：一是企业负债总额的大小；二是企业负债在资金总额中所占比例的高低。利息费用支出会随着企业负债规模的扩大而增加，假如收益降低，那么导致丧失偿付能力或破产的可能性也会相应增大。同时，负债比重越高，企业的财务杠杆系数越大，股东收益变化的幅度也随之增加，所以，财务风险也随着负债规模的扩大相应变大。

3. 融资方式选择不当

融资方式不同，获取资金的难易程度、需要付出的资本成本以及企业的收益等也会有所差异。如果融资方式选择不恰当，就会增加企业的额外费用，减少企业的应得利益，从而影响企业的资金周转而形成财务风险。

4. 负债期限结构不当

负债期限结构包括两方面的内容：一是指短期负债和长期负债的安排；二是指取得资金和偿还负债的时间安排。如果负债期限结构安排不合理，如应筹集长期资金却采用了短期借款，或者应筹集短期资金却采用了长期借款，则会增大企业的筹资风险。

5. 负债的利息率过高

如果负债规模的条件一致，那么，负债的利息率越高，企业所负担的利息费用支出就越多，企业发生的偿付风险就越大，企业的破产风险也就越大。同时，负债的利息率对股东收益的变动幅度也有较大影响。因为在息税前利润一定的情况下,负债的利息率越高,财务杠杆作用越大,股东收益受影响的程度也越大。

6. 融资时机不当

企业融资的时机也是一门大的学问,在企业暂时还不需要进行融资的情况下过早融资,会分散企业的股权,而影响企业的发展;融资时间过晚,也会造成资金链断裂,影响企业的正常运转,严重情况下甚至会导致企业倒闭。

7. 币种结构不当

由于各国的经济、政治等情况影响其货币的保值问题,所以企业的币种结构也会影响企业债务风险的程度。币种结构选择不当,则要承担汇率波动的风险,从而影响企业偿还债务的能力。

(二)融资风险产生的外因

导致企业融资风险产生的外因主要有以下两个。

1. 国家的宏观调控

社会主义市场经济的平衡需要国家采取宏观调控手段,国家的宏观调控手段对企业的发展有着直接的影响。比如在国家所实施的政策中,所得税政策和税金的减免政策对企业的融资所产生的影响是较大的。此外,不同的经济周期对企业的融资也会产生不同的影响。

2. 经营风险

企业在经营过程中会受到各方面因素的影响,像价格、成本等都会对企业的融资能力产生影响。企业主要以银行作为主要的融资渠道,而金融市场又影响银行的发展,因此,如果金融市场的波动幅度很大,银行自然对企业的融资要求有所提高,企业的生产经营活动会受到影响。

三、融资风险的类型

融资风险依据不同的标准,可以分为不同的类型。下面介绍两种常见的融资风险分类方式。

第六章
企业融资的风险管理

（一）以企业融资方式的差异为标准进行分类

以企业融资方式的差异为标准，可以将融资风险细分为以下几类。

1. 股票融资风险

股票融资风险发生在股份制企业融资过程中，是指企业在利用股票融资时，因为融资成本过高、股票发行数量不当、时机选择欠佳等方面原因而产生经营成果的损失，并且因经营成果达不到投资者的投资报酬期望，从而引起企业股票价格下跌，造成再融资难度加大的可能性。然而，股票融资中股本的无偿还性，股息支付的非义务性、非固定性，使其风险相对来说要小一些。股票融资风险可由更多的股东承担，我国许多股份制企业以配股方式支付股利而无须支付现金，从而避免了负债偿息带来的财务风险，也保证了企业的控制权能始终掌握在自己手中。

2. 债券融资风险

债券融资风险是指企业因为对债券发行时机、发行价格、票面利率、还款方式等方面因素考虑不全面而在利用债券方式筹集资金时，可能使企业经营成果产生一定的损失。这类风险主要包括发行风险、通货膨胀、可转换债券的转换风险等。另外，由于债券具有偿付本息的义务性，所以就决定了债券融资必须建立在充分依托企业的偿债能力和获利能力的基础之上。从这一点来看，这种风险与股票融资风险相比风险要大得多。

3. 银行贷款融资风险

银行贷款融资风险是指经营者利用银行借款方式筹集资金的过程中，因为利率、汇率及有关筹资条件发生变化而使企业盈利遭受损失的可能性。其主要包括利率变动风险、汇率变动风险、资金来源不当风险和信用风险等，这些风险具有一定的客观性和可估计性。客观性体现在如企业自身不能决定利率的调整；可估计性体现在可以在把握宏观的经济形势、货币政策走向等的基础上估计利率、汇率等的变动趋势。

4. 租赁融资风险

租赁融资风险是指企业利用租赁方式进行融资的过程中，由于租期过长、租金过高、租期内市场利率变化等方面原因给企业带来一定损失的可能性。这类风险主要包括技术落后风险、利率变化风险、租金过高风险等。随着科学技术的飞速发展，有些风险的存在是必然的，如技术落后风险。承租人对于风险的承担有一定的被动性，这主要是因为如租期、租金、偿付租金的方法等一般是由出租人来决定的。

5. 项目融资风险

项目融资风险是指企业利用项目融资方式进行融资的过程中，由于单独成立项目法人，而且项目融资参与者众多，所涉及的风险要在发起人、项目法人、债权人、供应商、采购商、用户、政府相关部门及其他利益相关者等之间进行分配和严格管理。项目融资借入的资金是一种无追索权或仅有有限追索权的贷款，而且需要的资金又非常大、期限较长、情况复杂，故其风险也比其他融资方式要大得多。项目融资风险可以分为很多小的类别，主要包括政治风险、获准风险（项目能否得到东道国政府及时批准的风险）、法律风险（东道国法律、法规变动给项目带来的风险）、违约风险、市场风险（或项目产品销售风险）、外汇风险、利率风险、完工风险（项目无法按期完工投入使用风险和建设成本超支）、技术风险、生产条件风险和环保风险等。因此，衡量项目融资能否成功的一个重要因素就是如何在利益相关者之间进行风险分配和相应的管理。

（二）以融资风险的来源为标准进行分类

以融资风险的来源为标准，可以将融资风险细分为以下几类。

1. 市场风险

企业融资的市场风险，就是企业融资因经济市场变化而需要承担的风险。一般来说，在出现系统性、大面积的市场事件时，企业的投资价值会受到影响出现损失。

2. 利率风险

企业融资的利率风险，就是企业融资因一定时间内的利率变动而导致的融资成本变化。一般来说，以下两方面的原因会导致融资利率风险的产生。

第六章
企业融资的风险管理

第一,企业的融资业务是利率风险产生的根源。如果企业没有通过债务融资的方式来筹集资金,那么利率变动就不会影响到企业债务利息,企业也就不会因为债务负担过重而形成融资风险。

第二,企业对利率走势的预期与实际不相符会导致利率风险的产生。如果企业能够根据市场发展准确对市场利率走势进行定位,并且与实际情况完全相符,那么企业就可以在很大程度上避免利率变化给自身带来的影响。然而在实际融资过程中,企业是很难做到这一点的。这是因为,引起市场利率变动的因素是多种多样的,企业很难做到面面俱到。总的来说,市场上资金的供求关系决定了利率水平。

3. 信用风险

企业在融资过程中面临的信用风险,是主客观因素综合作用的结果。这里所说的客观因素,是由债务人所处经济环境决定的,如债务人虽然有偿还的意愿,但是经济情况恶化、市场萧条,公司产品销售不出去,导致企业破产倒闭等;所说的主观因素,便是债务人的道德品质,如债务人是否有良好的信用观念,债务人在具备债务偿还能力的前提下是否会主动偿还债务等。

4. 政策风险

企业在进行融资的过程中,必须要遵守一定的政府政策与法律法规,以确保融资活动的正常进行。但在这一过程中,企业融资会因政府政策、法律法规等进行调整与变动而面临一定的风险,这便是融资政策风险。

5. 法律风险

随着大数据金融、互联网金融等相关金融创新产品的出现,与之相应的金融法律法规需要进一步完善。

6. 国家风险

在国际融资活动中,企业可能会面临国家风险。这一融资风险主要是由以下几方面的原因导致的。

第一,政治原因。各种政治力量使一个国家的经营环境发生超常变化的可能性。它作为非市场性的不确定因素,直接影响海外企业的投资目标、实施情况及最终投资收益。

第二，经济原因。即一国国民经济的发展状况会极大地影响该国市场或对外履行债务的能力，如果国际投资中东道国存在外债偿还能力不足的情况，就会给在该国从事投资的跨国投资者带来投资收益的不确定性，形成国家风险。

第三，社会原因。由社会问题引发的一系列局势动荡，都会造成企业面临融资和经营风险。

7. 购买力风险

企业融资的购买力风险，主要是因为通货膨胀而产生的。在经济生活中出现了通货膨胀，尽管从表面上看投资者的投资收益并没有减少，但因为货币的贬值，导致其实际收益大幅度下降，由此形成实质上的投资损失，从而影响到企业的偿债能力。

8. 内部管理风险

在融资过程中，企业之所以会遭受风险损失，很有可能是由于企业决策失误或内部管理秩序混乱等内部因素引起的，这类风险统一称为内部管理风险。它主要包括因公司组织机构不健全、决策机制不合理、内部管理存在漏洞与失误所导致的决策风险与操作风险。这种风险的形成是由企业的经营机制、管理水平及投资者的决策能力等因素决定的。当经营环境出现对企业的不利变化时就会成倍地放大这种风险，导致企业投资遭受的损失也更加严重。

9. 外汇风险

企业融资的外汇风险，就是企业融资因外汇供求关系的变化而需要承担的风险。就当前来说，一国的经济发展状况、利率变化、物价水平变化以及国际收支变化等，都可能导致外汇风险的产生。

四、融资风险的控制与防范

（一）融资风险的控制

企业在对融资风险进行控制时，可具体从以下几个方面着手。

第六章
企业融资的风险管理

1. 回避融资风险

企业在对融资风险进行控制时，一个重要的方式是回避融资风险。通过该方式，企业可以进行最为彻底的风险控制，避免因融资风险而面临一定的损失。一般来说，企业在对融资风险进行回避时，可以从以下两方面着手。

第一，在各种可供选择的筹资方案中进行风险分析，选择风险小的筹资方案，设法回避一些风险较大而且很难把握的融资活动。

第二，通过实施必要的利率互换、货币互换等方法来预防因利率、汇率变动给企业筹资造成的风险。

2. 转嫁融资风险

企业将自己不能承担的或不愿承担的及超过自身承担能力的风险损失，通过若干技术和经济手段转嫁给他人承担，便是融资风险转嫁。风险转嫁的目的是将可能由自己承担的风险损失转由其他人来承担。一般来说，企业在对融资风险进行转嫁时，可以从以下两方面着手。

第一，通过保险、寻找借款担保人等方法将部分债务风险转嫁给他人。

第二，在企业面临负债经营而陷入财务困境时，可以通过实施债务重组，用股权来转换部分债券，或通过注入其他企业的优质资产，让企业摆脱经营不利的局面，从而避免因资不抵债而导致的破产风险。

3. 降低融资风险

企业在进行融资时，将融资风险控制在合理的范围之内也是十分重要的。就目前而言，企业可通过以下几种方式来降低融资风险。

第一，采取多样化的融资政策，科学合理地安排负债比例与结构，尽可能分散和降低融资风险。

第二，对资金结构进行合理安排，同时以适度举债为原则，避免盲目举债，这对于融资风险的降低也有积极的意义。

第三，进行多元化的生产与经营，以弥补因某一方面的损失给公司整体经营带来风险。

（二）融资风险的防范

企业在进行融资时，除了要重视控制融资风险，还需要对融资风险进行有效防范。就当前而言，企业可通过以下几种措施来防范融资风险。

1. 树立正确的融资风险意识

企业要防范融资风险，一个重要的举措是树立正确的融资风险意识。就目前而言，企业需树立的融资风险意识应包括以下两方面内容。

第一，树立企业独立承担风险意识。

第二，进行融资时不仅要考虑融资过程中所造成的风险，更要考虑日后的偿付风险。

2. 建立严格的融资运行机制

目前，我国的融资方式和手段还不多，企业很难成为独立的融资主体，因此只有按市场要求建立严格的融资运行机制，建立多种有效、便利、快捷的融资方式才能保证企业资本结构的健康发展。因此，建立严格的融资运行机制，也是帮助企业防范融资风险的一个重要举措。

3. 规范企业的财务制度

适度规范企业的财务风险，也是企业防范融资风险的一个重要举措。具体来说，要诚实守信，自觉接受来自工商行政等有关部门对其账务的监督审计；要依法使会计资料保持真实完整，并按国家统一的会计制度进行会计核算，不得虚报利润、弄虚作假；要建立相关的财务预算、决算制度，按照国家统一的财务制度建立内部财务管理办法，保证对银行的贷款能够做到按期如数偿还，树立良好的信用形象；要提高企业财务人员的专业水平和职业道德，以严谨、公正的态度，从最大化的角度出发认真核算收益。

4. 充分考虑市场利率进行融资

针对由于利率变动带来的筹资风险，企业必须深入研究我国经济发展所处的时期及资金市场的供求变化，正确把握未来利率走向。当利率处于高水平时或处于由高向低过渡时期，应尽量少筹资，对必须筹措的资金，应尽量采取浮动利率的计息方式。当利率处于低水平时，筹资较为有利，但应避免筹资过度。当筹资不利时，应尽量少筹资或只筹措经营急需的短期资金。当利率处于由低向高过渡时期，应根据资金需求量筹措长期资金，尽量采用固定利率的计息方式来保持较低的资金成本。

5. 优化企业的融资行为

企业融资行为的优化，对于融资风险的防范也有积极的意义。具体来说，企业可从以下几方面着手来优化自己的融资行为。

第一，确定适度的负债比率。企业适度负债经营是有必要的，这有助于实现风险与利益的均衡。

第二，保持合理的负债结构。对于不同规模和不同性质的企业来说，选择债务融资的比例不同，对一些生产经营好、产品适销对路、资金周转快的企业，负债比例可以适当高些；相反，对于经营情况不是很理想的企业其比例就要低些，否则就会使企业在原来商业风险的基础上又增加筹资风险。

第三，合理地安排债务的偿还期限，防止企业日后经营过程中本金和利息的偿付风险。在正常运营中，企业按照需要安排适度的负债，同时要制订出还款计划，使其有一定的还款保证。当有了还款保证，企业的融资风险就能在一定程度上被避免。

6. 完善企业融资风险管理机制。

企业在融资过程中，应对职责分工、权限范围和审批程序进行明确和规范，机构的设置和人员的配备应科学合理；应建立融资风险评估制度和重大风险报告制度，在没有得到董事会批准的情况下，一律不得对外进行融资。

7. 充分发挥银行的监控作用

银行对企业监管作用的发挥，对于企业债务融资风险的防范也有积极的意义。站在银行的角度，要加强对贷款资金的适时监控以实现较好的风险控制，防止不良债权的产生。

8. 降低企业融资成本

融资成本的降低，对于企业融资风险的防范也有积极的意义。而企业要降低融资成本，必须选择恰当的融资方式，并切实明确所选融资方式的影响因素。

第二节 股权融资的风险管理

一、股权融资风险的类型

一般来说，企业所面临的股权融资风险主要有以下几类。

第一，控制权稀释风险。投资方获得企业的一部分股份，必然导致企业原有股东的控制权被稀释，甚至有可能丧失实际控制权。

第二，经营风险。创始股东在公司战略、经营管理方式等方面与投资方股东产生重大分歧，导致企业经营决策困难。该种风险主要体现在以董事会为治理核心的法人治理机构中，且投资方股东要求公司保证投资方在公司董事会中占有一定席位。

第三，机会风险。由于企业选择了股权融资，从而可能会失去其他融资方式可能带来的机会。

二、股权融资风险的防范

企业股权融资风险是可以进行防范的，具体的措施有以下几个。

第一，企业在引入外来资本进行股权融资时，必须要确保控制权掌握在自己的手中。

第二，企业在进行股权融资时，不要为了获得高估值的融资额而作出不切实际的业绩保证或不合理的人员安排保证。

第三，企业在进行股权融资时，既要考虑到可能获得的利益，也要对可能面临的风险进行考虑，并要衡量风险是否在自己的承受范围之内。

第四，企业在进行股权融资时，应制订详细可行的股权融资计划。在这一过程中，需要聘请专业的投资银行作为融资顾问，同时应注意确定股票发行规模，即根据企业的资金需求量和目标资本结构来确定通过发行股票筹集多少资金；选择股票发行方式，即根据企业的地位、影响力、发行成本预算、对资金需求的迫切程度等来明确是采用有偿增资的方式还是无偿配股的方式；制定股票发行价格，要注意定价的合理性，定价过低不仅难以筹集到足够的资金，还会损害原有股东的利益，定价过高则可能会无法吸引到足够的投资者，导致发行失败；选择股票发行时机，在这一环节要充分考虑市场行情、经济周期与行业周期；选择中介机构，恰当的中介机构是股权融资风险降低的一个有效手段。

三、股权融资风险的处理

对于企业来说，在面临股权融资风险时，可以采取以下两个有效的措施进行解决。

（一）保持创始股东对企业的控制权

企业在进行股权融资时，由于投资方获得了企业的一部分股份，因而企业原有股东的控制权会被稀释，甚至可能会丧失。在这种情况之下，企业就会面临控制权稀释风险。而企业一旦面临这一股权融资风险，就需要做好以下几方面的工作。

第一，要将小股东的表决权归集在创始人手上，增加创始人的表决权数量。

第二，要充分发挥创始股东的否决权，否定有损企业控制权的行为。

第三，创始人要牢牢将董事会掌握在自己手中，从而控制企业的董事会，否决有损企业控制权的行为。

（二）提升企业的核心竞争力

对于企业来说，核心竞争力是其特有的关键资源。企业拥有核心竞争力，在市场中占绝对优势，就能在面对股权融资风险时从容应对。因此，企业要有效地解决股权融资风险，必须重视提升自身的核心竞争力。

第三节 债务融资的风险管理

一、债务融资风险的产生

企业因债务融资而面临的风险，便是债务融资风险。因此，企业的债务融资行为是企业债务风险产生的最主要原因。具体来看，企业债务融资风险产生的原因有以下几个。

第一，管理者对债务融资风险认识不充分。企业管理层十分注重融资过程中所造成的风险，关注能否筹集到资金、筹集到多少资金、筹集资金的条件是什么，但对于筹集到的债务资金如何利用、日后如何偿还等还缺乏较为详细和成熟的考虑。投资项目一开始和中途变更的情况在我国上市公司中经常出现，投资决策失误的案例也屡见不鲜。

第二，市场利率和汇率的变动。企业在筹措资金时，可能面临利率或汇率变动带来的风险。利率和汇率水平的高低直接决定企业资金成本的大小。同样，国际货币市场汇率的变动也给企业带来了外币的收付风险。

第三，负债的规模及资本结构不合理。负债的规模是指企业负债总额的大小或负债在资金总额中所占比重的高低。其中，负债在资金总额中所占的比重是企业资本结构决策的核心问题。从绝对量上看，企业负债的规模越大，利息费用支出越高，企业因此丧失偿债能力或破产的可能性也越高；从相对量上看，企业的负债比率越高，企业面临的偿债压力就会越大，企业债务融资风险也会越高。

第四，负债的期限结构不合理。如果负债的期限结构安排不合理，如应筹集长期资金却采用了短期资金，或者相反，都会增加企业的融资风险。因此，企业在安排融资时，应充分考虑当前的负债期限结构状况，科学安排资金来源的期限，以使企业的负债期限结构更加合理。

第五，企业投资决策失误。投资项目需要投入大量的资金，如果决策失误项目失败或由于种种原因不能很快建成并形成生产能力，无法尽快收回资金来偿还本息，就会使企业承受巨大的财务危机。

第六，银行对企业的债务监督不充分。在企业高负债情形下，银行没有充分发挥债权治理作用，不能有效激励和约束企业经营者的行为，这扭曲了银行与企业之间的关系。

二、债务融资风险的处理

对于企业来说，在面临债务支付危机时，可以采取以下几个措施进行解决。

（一）积极争取外界支持

企业出现债务支付危机时，寻求外界支持、及时获取其他资金来源是最有效的解决方式。寻求支持的外部力量可以是股东、关联方、合作伙伴或者是当地政府，还可以是内部职工。企业应采取一切办法争取所有可能的资金来源，以解决企业的燃眉之急。

（二）资产重组

资产重组指的是对陷入财务困境的企业进行改组调整，通常采取的资产重组方式包括兼并、收购、解散、分拆、放弃等方式。通过资产重组可以对原有资产进行整合，提高原有资产的使用效率，使其产生新的效益，最终达到扩大生产规模、提高企业盈利能力、增强企业竞争力的目的。

（三）债务重组

债务重组指的是债权人按照其与债务人达成的协议或法院的裁决，同意债务人修改债务条件的事项。债务重组主要有以下几种方式：以低于债务账面价值的货币资金清偿债务、以非现金资产清偿债务（非现金资产可以是存货、短期投资、固定资产、长期投资、无形资产等）、债务转为资本（债务人将债务转为资本，同时债权人将债权转为股权）、修改其他债务条件（指除以现金、非现金资产、债务转为资本以外的其他方式进行的债务重组，如延长债务期限等）、混合重组（指采取上述多种方式进行债务重组）。

债务重组是企业在发生债务支付危机时，直接通过与债权人进行协商，共同寻求解决办法的一种途径。一般来说，债权人通常会采取合作的态度，尽量通过合作的方式解决问题，避免出现两败俱伤的结果。这一点对于有抵押权的债权人来说也不例外。因为，一旦该债权人不采取债务重组的方式而进入司法程序，将面临漫长的诉讼和执行过程，债权人将因此耗费大量的精力，同时面临抵押物处置不足值的风险，这是债权人所不愿看到的。在实际操作中，债务人也应充分意识到这一点，争取与债权人更好地合作。

参考文献

[1] 林沁.企业融资：从商业计划书到上市［M］.北京：化学工业出版社，2021.

[2] 程熙熔，李智，于晓东.多元化战略与企业债券融资研究［M］.北京：中国经济出版社，2020.

[3] 吴锐，程征，黄浩涵.企业融资［M］.北京：中国铁道出版社，2020.

[4] 胡华成.企业融资一本通［M］.北京：电子工业出版社，2020.

[5] 韩中华.企业融资全解：从天使投资到IPO［M］.北京：企业管理出版社，2019.

[6] 贺志东.企业融资管理操作实务大全［M］.北京：企业管理出版社，2018.

[7] 闫婧.现代企业融资理论、实务及风险管理［M］.北京：中国商务出版社，2018.

[8] 王小霞.企业融资理论与实务［M］.西安：西北大学出版社，2017.

[9] 杨少俊，刘正虎，祁群.投融资知识1000问［M］.北京：中国金融出版社，2017.

[10] 宋歌.企业管理与融资渠道研究［M］.长春：吉林教育出版社，2018.

[11] 王在全.互联网金融与中小企业融资［M］.北京：中国经济出版社，2015.

[12] 毛振华.企业扩张与融资［M］.北京：中国人民大学出版社，2017.

[13] 齐力然，任谷龙.中小企业融资实务：案例解析与法律风险防范

［M］.北京：中国法制出版社，2017.

［14］马瑞清.企业融资与投资［M］.北京：中国金融出版社，2017.

［15］吴道富.企业融资整体解决方案［M］.北京：中国经济出版社，2018.

［16］何承亿.中小企业融资之道：五大融资模式［M］.长春：吉林大学出版社，2016.

［17］宋绪钦，康豫.企业融资［M］.郑州：河南人民出版社，2018.

［18］何雄，谷秀娟.中小企业融资发展的战略研究［M］.上海：立信会计出版社，2013.

［19］陈国欣.创业财务管理［M］.天津：南开大学出版社，2016.

［20］蓝裕平.投融资策划理论与实务［M］.广州：广东经济出版社，2015.

［21］谢尔曼.从创业筹资到IPO：企业融资全流程实战解析（第3版）［M］.王鑫，译.北京：人民邮电出版社，2015.

［22］雄信文化.企业融资借贷全攻略［M］.北京：清华大学出版社，2015.

［23］马丽娟.信托与融资租赁（第3版）［M］.北京：首都经济贸易大学出版社，2016.